민간조사원(탐정), 민간 · 공공분야 감사팀, 특사경, 보험범죄특수수사팀(SIU) 등을 위한

수사면담과
용의자신문 기법
현장가이드

박재일

박영사

서 문

　범죄와 관련된 수사현장에서 관련 대상자(용의자나 피해자, 목격자 등)들을 상대로 면담과 신문을 수행하는 것은 일반적인 대화를 기반으로 하는 의사소통과는 다른 역동이 존재한다. 비록, 외견상 질문과 대답의 반복을 통해 정보를 획득하는 과정에서 유사성이 존재한다 할지라도 수사목적 달성이라는 측면에서 진실을 밝히려는 자와 숨기려 하는 자의 활동성 넘치는 날카로운 내면적 에너지가 교차되기 때문이다. 수사과정에서는 결정적인 물적증거가 수집되는 경우도 있고 그렇지 않은 경우(특히, 정황증거뿐인 일부범죄)도 있지만 어떤쪽이든 '면담과 신문의 기술'에 대한 의존도는 높아질 수밖에 없다. 운 좋게도 물적증거가 확보되었다 하더라도 이것만으로는 사건을 완벽하게 재구성하는 것이 불가능하기 때문이다.

　물적증거만으로는 위축된 사실 즉, '제한된 재구성'만 가능하게 되므로 실체적 진실을 발견하기 위해서는 대상자의 주관적인 경험세계에 대한 자발적인 진술(자백)이 필요하다. 자백은 범죄행위의 저변에 내포된 심리적·행동적 이유, 도구의 활용이나 논리적으로 설명 불가능한 상황적 조건과 같은 정보를 획득할 수 있도록 해 준다. 물적증거로는 충족될 수 없는 이러한 정보를 효과적으로 수집하는 방법은 구조화되고 체계적인 면담과 신문기법을 적용하는 과정을 통해서만 확보될 수 있는 것이다. 그럼에도 불구하고, 현재 수사면담과 피의자(용의자) 신문 현장에서 수사관들의 '자백 획득을 위한 추궁행위'는 '인권침해'와 동의어로 사용되고 있는 듯하다. 이러한 현상은 최근 재심을 통해 억울한 누명이 벗겨진 몇몇 사건들의 근저에 허위자백이 주요한 원인으로 지목된 것과 무관하지 않을 것이다. 허위자백 방지를 위한 노력의 일환으로 영국에서 개발된 'PEACE Model(정보수집형 면담모델)'이 일선 수사관들에게 소개되어지고 있다. 학계에서도 추궁을 통해 자백을 획득하는 미국의 Reid Technique에 비해 그 활용의 필요성을 주장하고 있다. 그러나 지난 27년을 수사현장에서 수만 건의 면담과 신문을 실행한 실무적인 입장에서 판단할 때 이것은 두 가지 측면에서 오류가 있다.

첫째, '허위자백'의 가능성으로 인해 용의자 신문 영역에서 '非추궁, 非압박'으로 대변되는 정보수집형 면담(PEACE Model) 방식만을 주장하는 것은 수사현장의 역동성을 간과한 이론가들의 환상에 지나지 않는다. 마치 숙련된 명의(名醫)에게 수술용 칼이 가진 도구적 위험성의 부정적 측면만을 부각시켜 그 칼을 사용하지 않으면서 수술을 실행해 사람의 목숨을 살려야 한다고 요구하는 것에 다름 아니다. 자백확보를 위해 '체계적인 추궁' 과정을 생략한 채 수동적으로 진술을 청취하는 것만으로는 자신의 이익에 반하는 속성을 가진 '실체적 진실'이 담긴 내용을 자발적으로 진술하도록 하는 것은 대부분 불가능하다. 추궁을 통해 발생할 수도 있는 '허위자백'의 위험성은 수사활동이라는 '검증'과정을 통해 재검토됨으로써 예방될 것이다. 검증은 독립된 보강증거의 유무를 통해 엄격히 평가될 것이다. 구조화된 면담과 신문과정에서 확보된 자백의 진실성을 확인하기 위해서 밀도 높은 수사활동을 통해 이를 검증하는 것은 중요한 과정이기 때문이다. 만약 대상자의 허위자백이 검증을 통해 수정되지 않은채 수사결과로 활용된다면 그것은 수사관 개인의 윤리적 문제로 귀결될 뿐이다.

둘째, 수사영역에서 '적극적인 설득' 없이는 자발적인 범죄 관련성에 대한 진술을 확보할 수 없다. 정보수집형 면담(PEACE Model) 방식의 핵심은 용의자로 하여금 범죄행위에 대한 관련성을 '자발적으로 진술' 하도록 하는 것에 있다. 우선, 대상자와의 긍정적인 관계를 형성하고 이를 기반으로 자발적인 진술을 하도록 격려하고 진술된 내용에서 발견된 모순을 지적하고 그에 대한 수정진술을 요구(chllange)하게 된다. 이러한 과정의 반복을 통해 그에게 '진실한 사실'을 자발적으로 말하도록 하게 되고 이것은 실체적 진실을 발견하는 바람직한 과정으로 소개된다. 그러나 자백은 정보수집형 면담기법에서 소개되는 수동적 방법으로 가능한 것이 아니다. 대상자로 하여금 그 자신의 이익에 반하는 진술(자백의 결과로 자신의 삶 전체가 붕괴될 수도 있는)을 요구하려면 이것이 가능하노록 구조화된 면담과 신문기법의 적용을 통해 품위 있는 길을 열어줄 수 있어야만 하는 것이다.

이 책은 수사목적달성을 위한 면담과 신문의 전체과정에 대한
전략이 이해하기 쉽도록 설명되어 있다. 특히, 현장에서 즉시 적용가
능한 '한국형 수사면담과 용의자신문을 위한 계단 모델(Stairway
Model)'을 제시하고 각 단계별로 익혀야 할 기법에 대해 상세히 소개
하였다. 라포형성의 중요성과 촉진기법, 질문의 종류와 활용기법, 확
보된 물적증거의 제시기법, 대상자의 진술에서 모순의 발견 및 누적
기법, 자백의 설득기법과 획득된 자백을 검증함으로서 허위자백을
방지하고, 실체적 진실을 발견하는 것의 중요성이 강조되었다.

'Part 1'에서는 수사목적 달성을 위한 면담과 용의자신문 기법을
학습하고 숙련되는 것의 필요성에 대해서 다루었다. 실체적 진실발
견을 위한 퍼즐의 마지막 한 조각은 물적증거가 아닌 대상자로부터
확보한 진술증거로부터 나오게 된다. 그러므로 수사관들이 진술증거
를 확보하기 위해 효과적인 면담과 신문 기법을 갖추는 것은 필수적
요소라고 할 수 있다. 'Part 2'에서는 한국형 수사면담과 용의자신문
모델인 '계단 모델(Stairway Model)'을 제시하였다. 구조화된 '계단 모
델의 단계별 구성요소와 적용기법은 면담과 신문이 실행되는 현장에
서 도움이 될 것이다. 'Part 3'에서는 수사면담과 용의자신문을 효과
적으로 하기 위한 전제조건으로서 라포형성 및 질문, 듣기의 기술이
소개된다. 필요한 경우 이론적 설명에 더해 독자들이 직접 기재하면
서 생각을 더욱 발전시킬 수 있도록 공백을 삽입하였다 'Part 4'에서
는 거짓탐지와 인지면담에 대해서 소개하였다. 면담과 신문과정에서
대상자가 보여주는 언어적, 비언어적, 준언어적 신호들을 '거짓말'이

라는 결과물로 해석하지 않고 '거짓의 가능성'으로 해석하는 것의 필요성을 강조하였다. 이렇게 포착된 거짓의 가능성은 수사활동을 통해 검증함으로서 채워져야만 하는 공백인 것이다. 또한, 인지면담은 기억의 한계를 극복하는데 다소 도움이 될 수 있으므로 현장 활용성 측면에서 유용할 것이다. 'Part 5'에서는 앞에서 다룬 내용을 통합적으로 제시하였다. 사례는 수사목적 달성을 위한 면담과 신문의 과정들을 시각적으로 부각시키고 사건의 재구성에 필수적인 진술증거를 확보하는 과정을 보여줌으로써 독자들의 이해를 도와줄 것이다.

이 책은 수사면담과 용의자신문 기법을 학습하거나 숙련되기 위해 활용가능한 교재가 없는 우리의 현실에서 유용한 지침서의 역할을 할 것이다. 특히, 기존 법집행 기관 종사자뿐만 아니라 민간기업 및 공공분야 감사팀, 민간조사업(탐정), 특사경(세무, 환경, 보건, 식품 등), 보험범죄 특수수사팀, 군 수사팀 등 다양한 수사영역의 수사실무자들이 실체적 진실을 발견하는 데 도움을 줄 것이다.

수사면담과 용의자신문 이해를 위한 용어의 정의

1. 수사와 수사활동

'수사(搜查)'는 어떤 범죄행위와 관련해서 그 책임을 묻는 것이 가능하도록 이를 조사하거나 관련 증거를 수집하는 것을 의미한다. '수사활동'은 '범죄의 혐의가 있는지 여부를 명백히 하여 공소의 제기와 유지 여부를 결정하기 위한 준비로서 범죄사실을 조사하고 증거를 수집하는 등의 수사기관의 활동'으로 정의된다. 하지만 이 책에서는 특정한 사건이나 사고에 대한 '실체적 진실'을 발견하기 위한 활동이라는 측면에서 전통적인 의미의 '수사'개념을 확장하여 사용하기로 한다. 수사기관뿐만 아니라 민간기업 감사관이나 민간조사원(탐정)과 같이 민간영역의 특정 기능과 부서 및 행정기관의 특수한 분야에 종사하는 조사관(수사관)에 의해 수행되어지는 증거수집과 범인을 발견하려는 일련의 활동 등의 행위 모두를 의미하는 것으로 활용되었다.

2. 수사면담

수사면담은 수사목적달성을 위한 수사활동과정에서 피해자, 용의자, 피의자, 참고인 등 관련성 있는 사람을 상대로 사건 내용에 대한 자료를 수집하거나, 확인하는 일종의 정보수집활동이라고 할 수 있다. 예를 들면 민간기업 내부 감사관, 공공기관 감사관, 보험범죄조사관, 민간조사관(탐정), 특별사법경찰관리(세무, 환경, 식품 등) 등의 조사업무 종사자들에게 어떤 특정한 사건이 포착되었고, 이와 관련된 자료를 수집하기 위해 관련된 인적구성원들을 만나 그들로부터 그들이 경험한 주관적 경험을 수집하는 것이다. 결국 면담은 정보를 수집하기 위해 의사소통하는 것이라고도 할 수 있다. 또한, 면담은 추궁하지 않는다는 측면에서 '신문(訊問)'과는 구별된다. 라포(Rapport) 형성을 통해 부드러운 출발로부터 최대한 협력적인 관계를 구축하고 이를 기반으로 조사 대상자가 제공하는 정보를 들을 수 있게 된다.

다만 사건의 윤곽이 드러나지 않은 사건 초반의 경우 현장 주변에서 관련자들로부터 정보를 수집하기 위한 기초적인 질문과 답변 행위는 엄격한 의미에서 수사면담이라고 할 수 없다. 수사면담은 단순한 질문과 답변 행위를 넘어서는 특정 목적달성을 위해 체계화된 기능적 활동이기 때문이다. 수사면담은 사건에 대한 기초조사활동을 통해 면담대상자가 선정된 이후 실행된다. 선정된 대상자를 통해 그의 범죄혐의점 유무를 밝히거나 피해 사실 및 목격한 사실의 진실성을 확인하기 위해 면담을 계획하고 실행하는 것이다.

3. 용의자 신문

신문(訊問)의 사전적 의미는 "어떤 특정한 사실과 관련해 집중적으로 따져 묻거나 캐묻는 행위"라고 할 수 있다. 신문은 면담과는 달리 단순히 용의자의 변명이나 일방적인 진술만을 수동적으로 듣는 행위가 아니다. 사건과 관련된 그의 주관적인 경험에 대한 내용, 즉 '자백'을 확보하기 위한 수단이다. 신문은 수사면담과정을 통해 범행을 부인하는 대상자에 대한 논리적인 유죄를 확신하는 경우에만 진행된다. 또한, 신문은 용의자뿐만 아니라 피해사실 및 목격사실을 허위진술 하는 피해자, 목격자, 참고인 등을 상대로 진실을 확보하기 위해 진행될 수도 있다. 수사관들이 대상자를 상대로 추궁하는 행위를 통해 자백을 '적극적으로 설득'하는 과정이라고도 할 수 있다. 그러나 '신문'은 강압적이거나 억압적인 방식을 의미하지 않는다. 용의자의 자백은 그 사건을 완벽하게 재구성하고 범죄를 입증하기 위해 중요한 자료를 제공하게 되므로 신문에 있어서 자백을 획득하려는 노력은 최선을 다하여야 한다. 다만, 신문을 통해 대상자의 자백을 획득하는 과정에서 허위의 자백가능성을 경계할 필요가 있다. 자백은 반드시 면담과정에서 발견된 대상자의 모순과 누적시킨 모순의 극대화 지점에서 증거자료를 바탕으로 추궁해야 한다. 연이어 심리적 부담감을 줄여주고 자백의 이유를 제공하는 구조화된 방식으로 수행되어야 한다.

4. 용의자, 피의자, 대상자의 의미

용의자는 범죄의 혐의가 뚜렷하지 않아 정식으로 입건되기 전 단계에서 조사의 대상이 된 사람을 의미한다. 피의자는 입건[1])되었으나 공소 제기되지 않은 사람을 가리킨다. 용의자나 피의자 모두 공소 제기 전 수사단계에서 범죄의 의심이 있는 수사의 대상자를 의미한다.

'대상자'라는 호칭은 수사기관을 포함해 민간영역에서의 수사관 (조사관)을 위한 가이드라인 제시라는 이 책의 저술목적에 부합되도록 면담과 신문의 대상이 된 사람에 대한 호칭의 단순화를 위해 사용되었다. '대상자'는 신문의 대상이 된 용의자나 수사면담 단계의 피해자, 참고인, 관련자 등 수사목적 달성을 위한 진술증거를 확보하고자 하는 대상이 되는 모든 사람을 의미한다. 다만 글의 문맥상 구분이 필요한 경우 '용의자'로 표기한다.

5. 자백

자백은 죄를 저지른 사람이 자신이 저지른 죄의 일부나 전부를 남들 앞에서 스스로 고백하는 것을 의미한다. 용의자로부터 자백을 획득하는 것은 사건을 완벽하게 재구성할 수 있다는 의미이므로 수사시스템에서 꼭 필요하다고 할 수 있다. 자백을 확보하기 위해서는 구조화된 면담과 신문을 통해 스스로 자신의 이익에 반하는 범죄 연

---

1) 입건이라는 것은 수사기관의 절차적 행위로서 범죄사건부에 사건을 능재하는 형식적인 절차를 의미하고 입건된 이후부터 피의자로 호칭하게 된다.

관성에 대한 이야기를 말할 수 있도록 환경을 조성하는 것이 선행되어야 한다.

그러나 용의자의 자백에만 의존하는 것으로 인한 부당한 수사를 방지하기 위해 자백의 임의성 관련한 규칙이 형사증거법 체계에서 규정될 정도로 부정적인 측면이 존재하고 있는것도 사실이다. 자백은 특정한 조건이 갖춰지지 않은 상황에서 자백 획득을 위한 강화된 '신문'시스템을 적용할 경우 자발적·비자발적 허위자백으로 연결될 가능성이 크다는것을 알고 있어야만 한다. 수사단계에서 획득한 자백은 반드시 검증이라는 필터를 거쳐 진실성 여부를 검증받아야 한다.

6. 증거

증거(證據)란 사전적으로 '증명할 수 있는 근거'라고 할 수 있다. 그것은 어떤 범죄에 대한 국가형벌권을 실현시키기 위해 형벌법규 적용의 전제가 되는 사실관계를 확정하는데 사용되는 객관적 자료로서의 의미를 가진다. 이 책에서는 공적영역 외에도 국가형벌권이 발동하지 않는 민간영역이라 할지라도 내부 감사과정에서 사규(社規)가 적용되기 위한 근거자료의 의미로 사용될 수 있다. 간단하게 말하자면 어떤 범죄를 증명하기 위한 '근거자료'인 것이다.

7. 물적증거와 인적증거, 진술증거

물적증거란 비진술증거로서 어떤 물건의 존재나 그 존재 상태가 증거로 되는 것이다. 범행에 사용된 칼, 위조서류, 횡령한 돈, 훔친 물건, 현장에 남겨진 어떤 물건 등을 의미한다. 인적증거란 사람의 진술 내용이 증거로 되는 것으로서 자신의 경험이나 지식을 보고하는 목격자의 진술, 피해자의 진술, 피의자의 진술 등이 진술증거라고 할 수 있다.

8. 검증된 사실과 추론된 사실

검증된 사실은 대상자를 상대로 면담과 신문을 실행하기까지 객관적으로 확인된 자료라고 할 수 있다. 검증된 사실은 반박 불가능할 정도로 확고한 사실의 지위를 부여받은 자료이다. 추론된 사실은 검증되지 않아 확고한 사실의 지위를 부여받지 못한 것을 의미한다. 향후 수사과정에서 사실일 수도 혹은 그렇지 않을 수도 있을 가능성이 있는 사실이다. 검증된 사실과 추론된 사실을 분리하는 것의 실익은 대상자를 상대로 효과적인 면담과 신문을 실행하기 위해서라고 할 수 있다. 만약, 추론된 사실이 진술증거 확보과정에서 모순의 누적을 위한 재료로 활용될 경우 거짓 진술하는 용의자 등의 거짓말을 격려하는 효과가 발생할 위험성이 있다. 오류가 있는 추론된 사실을 기반으로 면담하거나 신문하는 수사관에게 거짓말하는 자들 특유의 불안한 정서가 발현되지 않고 오히려 편안하게 함으로써 진실발견을 방해할 가능성이 있기 때문이다.

차 례

PART 1
수사면담과 용의자 신문이란 무엇인가?

1. 수사면담과 용의자 신문기법 습득의 필요성 / 20

   (1) 수사 분야 수사관(조사관)들의 필수역량이다 ——————— 23
   (2) 자백을 효과적으로 설득할 수 있다 ——————— 26
   (3) 허위자백과 허위진술을 알아 낼 수 있다 ——————— 28

2. 한국형 수사면담과 용의자 신문모델(계단 모델: Stairway
   Model)의 의미 / 29

   (1) HIG의 '증거기반 신문모델' ——————— 33

PART 2

한국형 수사면담과 용의자 신문모델
-계단 모델(Stairway Model)

1. '계단 모델(Stairway Model)'의 구성 / 38

2. 계단 모델(Stairway Model)의 세부내용 / 41

(1) 1단계: 사실의 조사(Investigation stage) ──────── 41
(2) 2단계: 면담의 실행(Interview stage) ──────── 44
(3) 3단계: 신문의 실행(Interrogation stage) ──────── 55
(4) 4단계: 검증의 실행(Verification stage) ──────── 63

3. 요약 / 66

PART 3

수사면담과 용의자 신문을 효과적으로
하기 위한 전제조건

1. 라포형성의 기술 / 72

(1) 유사성에 기반한 긍정적 관계 형성 ──────── 73
(2) 언어적 표현방법의 동조화 ──────── 75
(3) 언어적 표현구조와 동기구조의 동조화 ──────── 77

2. 듣기의 기술 / 80

　(1) '좋은 듣기'는 목적이 있는 행위다 ——————————— 82
　(2) '좋은 듣기'의 세부기술 ——————————————— 83

3. 질문의 기술 / 92

　(1) 도입질문 ———————————————————— 94
　(2) 탐색질문 ———————————————————— 96
　(3) 전략질문 ——————————————————— 104

4. 수사면담과 용의자 신문의 전문가들은 반드시 형사사법 절차에서의 두 가지 공통된 오류를 알고 있어야 한다 / 109

PART 4
거짓탐지와 인지면담

1. 거짓탐지 / 112

　(1) 행동분석 ———————————————————— 115
　(2) 진술분석 ———————————————————— 119

2. 인지면담 / 126

PART 5
수사면담과 용의자 신문의 실제
-계단 모델(Stairway Model)의 통합적 활용

1. 면담 및 신문계획서 작성 / 133
2. 수사면담 및 용의자 신문의 실행 / 136

찾아보기 / 149

수사면담과 용의자 신문이란 무엇인가?

PART 1

수사면담과 용의자 신문이란 무엇인가?

1. 수사면담과 용의자 신문기법 습득의 필요성

  어렸을 때 즐기던 놀이 중에 퍼즐 맞추기 놀이가 있었다. 사각 모양으로 생긴 두꺼운 종이재질의 평평한 판에 만화영화에 자주 등장하는 주인공이 그려진 것을 다양한 형태로 절단해 그 조각들을 하나씩 끼워 맞추는 것이다. 퍼즐 조각을 하나씩 맞추며 그림을 재생해 나가는 것은 어린시절 느껴볼 수 있었던 성공의 경험 중에 최고였다. 이런 게임을 직소퍼즐(jigsaw puzzle)이라고 한다는 것을 최근에 알게 되었다. 직소퍼즐이란 사진이나 명화와 같은 그림의 조각을 맞추는 놀이라고 할 수 있는데 그 역사가 18세기 중엽으로 거슬러 올라간다니 놀랍다. 당시 영국의 한 지도 제작자가 우연하게 지도 한 장을 나무에 붙인 후 톱으로 각 나라의 국경을 절단하는 방법으로 조각 지도를 제작했는데 이것이 현재 직소퍼즐의 유래라고 알려져 있다. 처

음에는 갖고 놀던 퍼즐의 바탕 그림이 수십 조각에 불과한 비교적
간단한 것이지만, 곧 퍼즐 조각의 수가 훨씬 더 많고 바탕그림도 더
복잡하게 되어 있는 것으로 옮겨가게 된다. 난이도 높은 퍼즐은 가끔
씩 조각을 맞추지 못하거나 장시간 공을 들인 퍼즐에서 몇 조각이
없어져서 완성하는데 곤욕을 치르기도 한다. 이러한 퍼즐게임에서
마지막 한 조각이 없다는 것은 '성공'을 의미한다고 할 수 없다. 비록
장시간에 걸쳐 수백 개의 조각을 맞추었더라도 그 게임은 '완성'되었
다고 표현할 수 없다. 바탕그림의 한 조각이 뻥 뚫려 그 자리에 무슨
그림이 그려져 있는 것인지, 어떤 색감을 채택한 것인지, 어떤 형태
로 그려져 있었던 것인지 알 수 없는 크나큰 공백이 존재하기 때문
이다. '최종적인 완성'이란 그 마지막 조각을 찾아 제자리에 안착시키
는 것이다. 그것은 퍼즐의 바탕그림이 완벽하게 재구성되었다는 것
을 의미하면서 퍼즐게임의 '진정한 성공'을 의미한다.

　　수사면담과 신문에서도 사건에 따라 하루, 이틀이나 몇 개월 동
안 상당한 인적·물적자원들이 투입된 사건이 있을 것이다. 이러한
사건수사과정에서 '효과적인 면담과 신문'의 방식을 적용해 대상자로
부터 자발적인 자백을 획득해야 한다. 그렇지 못하다면 그 사건에 대
한 실체적 진실발견은 현실적으로 불가능하게 되고, 그때까지 수집
된 물적증거 등에 의해서 '겨우 설명이 가능 한 수준'으로 상당하게
위축된 형태의 제한적인 설명을 할 수 있을 뿐이다. 그 결과 우리는
그 범죄사건과 관련된 완성된 그림을 갖지 못한 채 미완성 상태로
이곳, 저곳 구멍이 뚫린 공백상태의 퍼즐 게임판을 쳐다보아야만 하

게 될 것이다. 예를 들어, 살인사건 현장에서 발견된 범행도구에서 확보한 용의자의 지문, 혈흔에서 추출된 DNA와 같은 명확한 물적 증거에도 불구하고 용의자로부터 자백을 획득하지 못한다면 어떤일이 벌어질까? 실제로 몇 달 전 서울시 ○○구의 한 빌라에서 30대 남성이 친구에 의해 피살되는 사건이 벌어졌다. 명확한 물적증거에 의해 검거된 용의자는 사건처리 기간 내내 침묵했다. 물적증거들에 의해 체포하고 신병을 확보하였음에도 용의자로부터 그가 경험한 주관적인 사실들 그 범행동기와 범행의 진행과정에 대한 진술을 확보하지 못한 것이다. 이것은 범행상황을 재구성하지 못한 채 물적증거에 의한 위축된 상황을 추론하는 방식으로 구성하는것 외에는 할 수 있는 게 없다는 뜻이기도 하다. 결국, '자백의 획득'은 범인의 주관적인 경험을 완벽하게 재구성 하는 것이다. 그러나 대부분의 용의자들은 쉽게 자백하지 않는다. 자백은 대부분 효과적으로 설득하는 절차를 통해서만 확보가능하게 된다. 이러한 효과적인 설득은 특정한 조건을 형성하고 대상자가 자신의 이야기를 할 수 있도록 여건이 주의깊게 갖추어져야만 효과적으로 기능할 것이다.

강화된 방식의 설득은 어떨까? 최근 언론에 보험사기 범죄의 용의자를 상대로 한 조사과정에서 자백을 설득하는 장면이 몰래 녹취되어 방송되었다. 당시 보도된 바에 의하면 수사관이 대상자를 상대로 그의 범행에 대한 자백을 설득하는 과정에서 가족 등에 대한 '위협' 수준의 설득을 한 것으로 보도되었다. 이러한 위협적이고 강압적인 방식으로 자백을 얻어내는 것은 현행 형사 증거법상 허용되는 방식이라고 할 수 없을 뿐만 아니라 최악의 경우에는 허위자백이라는 부작용으로 연결될 가능성이 있다.

특히, 강화된 방식으로 확보한 자백은 '진실 발견'이나 '사건의 완벽한 재구성' 측면에서도 제한적이라고 할 수밖에 없다. 양질의 자백을 확보할 수 없을 뿐만 아니라 '제시된 사실에 대한 수동적인 인정'만 확보할 수 있게 될 뿐이다. 대상자를 상대로 확보해야 하는 자백은 임의적인 자백이어야 하고 그것이 가능하도록 환경을 조성할 필요가 있다. 자백을 획득하려면 특정한 단계에서 특정한 환경이 갖추어 져야 하고 그렇지 않을 경우 자백을 효과적으로 설득할 수 없다는 것을 명심할 필요가 있다. 자백은 범인이 경험한 지극히 주관적인 경험세계를 그로부터 제공받아 사건을 재구성하는 도구로 기능하게 된다. 좀더 정확한 표현은 '완벽한 재구성을 가능하게 하는 것'이 될 것이다. 특정한 과정을 거쳐 특정한 시점에서 효과적인 설득을 통해서만 얻을 수 있는 완전한 성과물인 것이다.

(1) 수사 분야 수사관(조사관)들의 필수역량이다

2018년 한 해 동안 우리나라에서 1,581,922건의 범죄가 발생했고 수사과정에서 자신의 행위를 자백한 사건은 50%에 머물렀다. 지난 7년간 범죄통계상 확인된 범인들의 자백률도 약 53%로서 대략 절반가량이 수사과정에서 자백하는 것으로 나타났다.

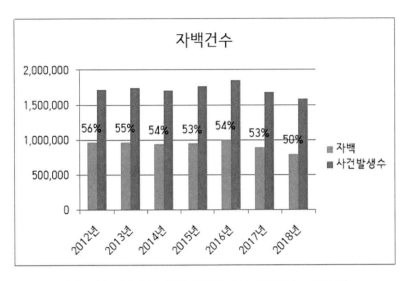

〈2012년~2018년 경찰 범죄통계상 자백건수: 재구성〉

그러나 위 통계상 나타난 자백률은 숫자의 함정 또는 통계적 오류가 있는 것으로 보인다. 수집된 자백사건은 사건 초기 첫 대면 당시부터 진실한 마음으로 자발적인 자백을 한 사건만 부각된 것이 아니기 때문이다.

사건 초기 강렬하게 범행사실을 부인하다가 제시된 증거에 의해 마지못해(제시된 증거에 해당하는 부분만을) 자백하거나, 수사관으로부터 설득되어 최소한의 범죄행위만을 자백한 사건 역시 위 통계의 '자백'에 포함되었기 때문이다. 저자를 포함해 수사현장 형사들의 지난 수십년 간의 경험적인 측면에서 보자면 범죄사건의 수사 초기단계에서 약 5~10%만이 자신의 죄를 자발적으로 또는 다른 개인적인 이유로 자백할 뿐이다. 나머지 90~95%는 범행이 발각되는 순간 강렬한 저항과 함께 범행사실을 전면부인하거나 일부라도 부인하다가 추가적으로 제공되는 증거의 강도에 따라 일부는 '어쩔 수 없이 자백'하게 된다. 이러한 대상자의 피동적인 자백은 자발적인 자백과는 결이 다를 수밖에 없다.

물론, 대상자에 대한 면담과 신문을 통해 확보하고자 하는 최종적인 목표는 '자백 그 자체'에 있는 것이 아니다. 자백을 통해 범행사건과 관련된 대상자의 주관적인 경험을 완벽하게 재구성함으로써 좀 더 빠른 시간에 명확한 '실체적인 진실'을 밝히는 것에 있다.

수사면담과 신문기법을 이해하고 숙련하는 것의 또 다른 중요성은 대상자로부터 자백을 획득함으로써 사건을 최단시간에 완벽하게 재구성할 수 있을 뿐만 아니라 그 과정에서 용의자, 피의자, 피해자, 참고인 진술의 거짓가능성을 검토해 볼 수 있다. 그리고 이것은 신속하고 정확한 사건해결이라는 측면에서 대상자들의 인권보장을 위한 필수적인 역량이라고도 할 수 있다.

공적영역 및 민간영역에서의 내·외부적인 범죄행위나 일탈행위 등을 진단하고 조사하는 경우에 물적증거를 확보하려는 노력은 필수적이다. 그러나 물적증거가 수사과정에서 오염될 경우 그 증거의 활용도는 사라지게 된다. 예를 들면 위조서류, 지문, 범행도구와 관련된 유죄를 증명할 강력한 물적증거의 경우 그 증거를 수집하고 활용과정에서 오염된다면 그것이 유일한 증거라도 증거로서의 가치를 상실해 사용할 수조차 없게 될 수 있다.

마찬가지로, 수사면담과 신문기법에 대한 이해와 숙련은 진술증거의 오염을 최소화시켜 대상자로부터 확보하는 진술증거에 대한 가치를 배가시키게 된다. 우리가 면담과 신문의 방식(특히, 질문)에 주의를 기울이지 않게 될 경우 대상자의 기억을 오염시키거나 범인의 언어적 대안(변명)을 역동적으로 재구성할 수 있도록 허용하게 된다. 이것은 범행부인의 활로를 열어주게 된다는 측면에서 사건해결과 실체적 진실발견을 불가능하게 하거나 최소한 그것을 더욱더 어렵게 할 가능성이 농후한 것이다.

이 책은 동일한 관심을 가진 수사관(조사관)들의 '수사면담과 용의자 신문'에 대한 체계적인 이해와 통찰을 통해 현장 활용성이 배가될 수 있도록 안내하는 지침서가 될 것이다.

(2) 자백을 효과적으로 설득할 수 있다

우리는 자백을 획득하기 위해서는 대상자를 면담하는 과정에서 구조화된 과정을 거쳐 특정한 시점에 이르렀을 때 자백을 할 수 있도록 효과적인 설득이 가능하다는 것을 이해할 필요가 있다. 그 과정과 시점이란 면담이나 신문 이전까지 확보된 검증된 사실과 면담과정에서 대상자들이 제공하는 진술과의 '모순(거짓말)'을 확인하는 것에 있다. 이러한 모순을 확보하는 것은 그것이 범죄의 유력한 용의자가 거짓말로 부인하거나, 피해자가 자신의 피해 사실을 과장하거나 거짓으로 피해 주장을 하거나, 불순한 의도를 가진 목격자의 과장 또는 허위의 목격내용 진술에서도 마찬가지라고 할 수 있다. 이러한 모순은 그 모순이 가장 '극대화'된 지점까지 누적시켜야 한다. 면담과정에서 누적시킨 모순이 가장 극대화된 지점에 이르기 전까지 이를 추궁함으로써 노출할 경우 대상자는 비교적 간단한 언어적 대안(변명)을 통해 손쉽게 원점으로 되돌아가게 된다.

　모순을 지적하는 것을 지연시키는 것은 거짓진술을 하는 대상자들이 스스로 모순의 탑을 견고하게 쌓도록 허용하는 것이라고 할 수 있다. 또한, 그 모순이 가장 극대화된 지점에 이르러서야 '신문'시스템을 적용하는 것이 가능하게 되고 그렇게 되면 대상자는 두 가지 경우의 수 앞에 놓이게 된다. 첫 번째는 자신이 쌓은 모순의 탑을 무너뜨리고 원점으로 되돌아와 진실을 이야기 하는 것이다. 두 번째는 자신이 쌓은 모순의 방향성을 유지하는 진술을 하는 것이다. 이 경우 비록 장시간에 걸친 허위진술이라 하더라도 단 몇 줄의 글만으로도 그 진술의 신빙성 전체를 무력화 시키는 것이 가능할 것이다. 또한, 검증된 사실을 제시할 경우 대상자의 언어적 대안을 최대한 검토함으로써 '신문' 단계에서 대상자의 자백을 효과적으로 설득할 수 있게 되는 것이다.

(3) 허위자백과 허위진술을 알아 낼 수 있다

한국형 수사면담과 용의자신문모델인 '계단 모델(Stairway Model)'은 대상자(용의자, 피의자, 피해자, 목격자, 참고인 등)가 누구이든지 간에 그들의 거짓과 관련된 진술정보를 확인할 수 있도록 설계된 구조화된 면담과 신문모델이라고 할 수 있다. 대상자의 거짓진술을 확인한다는 것은 그로 인한 억울한 피해를 당하는 것을 예방할 수 있다는 것을 의미한다. 그것은 결국 실체적 진실을 발견함으로써 대상자와 그들의 진술로부터 파생되는 범죄 연관성 있는 사람들의 인권을 보호하고 수사활동의 효율성을 높이는 것이 가능하게 될 것이다. 민간기업 감사실이든 법 집행기관의 업무영역이든 상관없이 조사 대상이 되는 사건의 수사활동과정에서 오염된 단서 특히, 거짓이나 과장된 진술증거에서 출발한 오류는 의도와는 상관없이 누군가의 삶을 '쑥대밭'으로 만들 수도 있을 만큼의 파괴력을 가질 수 있다.

조사 대상자가 자신의 억울함을 주장하면서 '자살'을 선택하는 비극적인 사건은 어제 오늘의 문제가 아니다. 누군가는 조사과정에서의 스트레스로 '생니(치아)' 8개가 그냥 빠져버렸다고 담담하게 자신의 경험담을 이야기하기도 했다. 누군가는 자신은 견딜 수 있었으나 그의 가족들 특히 어린 자녀들이 겪는 고통을 힘들어하면서 결국 비극적인 선택을 할 수밖에 없었다고 유서를 통해 밝히기도 한다. 그러므로 수사현장에서 우리가 대상자들(피해자 및 가해자, 목격자 등 관련자)의 허위진술을 알아내는 것은 그들의 인권보호와 직결되어 있는 것으로서 진실을 밝히는 것에 덧붙여진 우리의 의무라는 것을 잊어서는 안 될 것이다. 다만, 이 책에서 주장하는 허위진술을 알아 볼 수 있다는 것은 시중에서 판매되고 있는 미세한 표정을 분석하거나, 언어적, 비언어적, 준언어적 신호의 징후를 읽어 거짓말을 알아내는 '싸구려 거짓말 판별 비법'과는 구분된다. 수사현장의 현실세계에서 '피노키오 신드롬(거짓말을 하면 곧바로 코가 길어진다는 것)'은 존재하지 않기 때문이다. 이 책에서의 허위자백(거짓 진술)을 알아낼 수 있다는 것은 위와 같은 허황된 방식이 아니라 '검증된 사실'과 대상자들의 진술의 부합도를 측정하고 교차 증명하는 방식으로 진술내용의 진실성을 검증한다는 것이다. 이러한 과정에서 모순이 발생하는 것은 '거짓'이거나, 거짓의 가능성이 존재하므로 더 많은 엄격한 검증절차를 거쳐야 하는 대상으로 취급되어야만 한다는 것을 의미하게 된다.

2. 한국형 수사면담과 용의자 신문모델(계단 모델: Stairway Model)의 의미

수사면담과 용의자 신문을 하면서 체계적으로 적용할 모델을 가지고 있는 것은 매우 중요하다. 그것은 마치 비행기가 장거리 비행을 마치고 목적지에 이르러 관제탑으로부터 절차에 따라 정해진 활수로에 안전하게 착륙하도록 유도하는 매뉴얼과도 같다. 만약 비행기의 표준 매뉴얼에 따르는 착륙유도 절차가 없다면 조종사는 매번 자신의 개인적인 기술에 의존해 행운을 바라면서 수백 명의 목숨을 위협하며 활주로에 착륙 시도하는 위험을 감수해야만 할 것이다.

예를 들어 아래의 사건이 여러분에게 배정되었다면 당신은 '대상자를 상대로 진술증거를 확보하고 그 진술이 진실한 내용인지 허위의 내용인지 여부를 구별할 수 있는가? 또한, 자백을 획득하기 위해 구조화되고 체계화된 수사면담과 용의자 신문의 표준 유도절차를 가지고 있는지와 그 표준절차를 머릿속에 떠올려 대상 사건에 적용할 수 있는가?'를 스스로에게 물어볼 필요가 있다.

Case 1: 소속 사원의 부정행위 관련 제보접수
- 1주일 전 ○○그룹 감사팀에 계약담당 부서 김행동(이사)이 자재납품 업체 계약연장 및 독점납품 청탁명목으로 해당 업체로부터 현금 3억원을 수수했다는 사실을 제보받았다.
- 대상자는 차용금을 주장하면서 범행을 일체부인하고 있다.

Case 2: 공적 영역 부정행위 감사요구 접수
- 1주일 전 서울시 ○○동에 있는 ○○대학교 총장 김경홍이 교내 학생식당 증축공사 관련 시공사 한방건설 대표로부터 공사비 중 2억원을 수수했다는 사실을 제보받았다.
- 대상자는 일부차용 및 기부금을 주장하면서 범행을 일체부인하고 있다.

Case 3: 소속 구성원의 성범죄 신고 접수

- 소속 사원 나피해(女)로 부터 1주일 전 회사인근 ○○갈비 식당에서 부서 회식 후 그 다음상황은 과음으로 기억 나지 않는다, 그러나 다음 날 아침 눈을 떠 보니 리버사이드 호텔 침대위에서 같은 부서 홍정직 과장과 누워 있었고, 성관계 흔적이 있다며 강간 피해사실을 제보받았다.
- 대상자는 서로 동의한 성관계임을 주장하며 범행을 일체 부인하고 있다.

위 'Case 1~3'의 경우 대상자로부터 범죄 연관성에 대한 자백을 획득하지 못할 경우 합당한 처벌을 하는 것은 어려울 수밖에 없다. 운 좋게 처벌이 가능하다 하더라도 단지 외부적으로 드러난 제한적인 증거만으로 처리할 수밖에 없다. '제한적인 증거'만으로 처리한다는 것의 의미는 대상자가 언제부터 이러한 범행을 저질렀고, 제보된 사실이 이전의 범죄행위나 범행으로 인한 수익금의 사용처와 그 회수가능성이 위축될 것이다. 특히 사건의 전체가 명백하게 드러나지 않은 상태에서 대상자의 범행에 가담한 공범자들과 그들의 범행행위에 가담한 정도와 같은 주관적인 정보와 재발 방지를 위해 개선정책을 수립하는 것은 불가능하게 된다.

이렇듯 특정한 사건에 대한 진술증거를 획득하기 위해 표준절차와 방식에 대한 기술들의 집합체라고 할 수 있는 '효과적인 면담 및 신문모델'을 습득하고 있는 것은 중요하다고 할 수 있다. 그러나 현재까지 우리나라에서 효과적으로 활용할 만한 수사면담과 용의자 신문모델이 연구되거나 제시된 것은 없다. 또한 이와 관련 학계의 주요 관심사는 영국의 PEACE 모델로 대변되는 정보수집형 수사면담

모델과 미국의 REID 테크닉으로 대변되는 설득·추궁형 신문기법에 대해서 국내 법집행 기관에서 활용 가능한지에 대한 효용성의 유무와 비판하는 것이 대부분이었다. 일부 선행 연구자들은 PEACE 모델의 도입 필요성을 주장하기도 하고, 일부는 이를 기반으로 한두 가지 신문기술을 덧붙인 초급형태의 수사면담모델을 제시했다. 그러나 이러한 연구들의 성과물들이 현장에 뿌리내리지 못한 것은 외국의 수사면담 체계를 단순 번역해 조금의 변형을 가한 정도에 그쳤다는데 한계가 있다.

영국 등 선진국에서 개발된 수사면담과 신문모델들은 그들의 치안시스템과 문화적 환경에 적합하도록 개발된 것이다. 그것은 국내 치안상황과 문화, 사회학적 차이점을 극복하지 못하고 현장 수사형사들에게 외면받았다. 결국 이러한 한계는 최근까지 수사면담과 신문의 방식이 현장에 뿌리내리지 못한 주요한 원인이 되었다. 특히 설득·추궁형 용의자 신문모델의 대표인 미국의 REID 테크닉은 신문과정에서 심리적인 요소를 가미하여 자백을 목표로 한다는 측면에서 허위자백과 같은 치명적인 오류를 범할 수 있다고 지적되어 왔다. 또한 정보수집형 수사면담모델로 알려진 PEACE 모델은 일선 수사현장에서 수동적으로 대상자의 진술을 들으면서 사건 관련 정보를 확인할 수밖에 없다는 측면에서 효용성이 떨어진다. 물론 대상자의 진술에 대한 '도전(Challenge)'라는 단계가 있으나 모순에 대한 단순 설명을 요구하는 것에 그친다는 측면에서 현장에 뿌리내리고 있는 수사관들에게는 '맥 빠지는 조사방식'이라고 할 수밖에 없다.

현장에서 활용가능한 수사면담과 용의자 신문모델은 일정한 단계에 이르러 대상자의 모순이 충분히 누적되면서 그의 유죄를 확신할 경우 그 전까지 확보된 친밀함은 일정한 수준으로 해소하고 '자백'을 효과적으로 설득할 수 있는 구조화된 프로그램이 필요하다고 할 수 있다. 그러면서도 인권 지향적이면서 실체적 진실을 발견할 수 있고 무엇보다 우리의 환경에 적합한 모델이 필요한 것이다.

(1) HIG의 '증거기반 신문모델'

미국의 연방수사국(FBI)를 중심으로 여러 기관이 협력해 만들어진 HIG는 '고가치 수용자 신문그룹'으로 불린다. HIG의 탄생배경은 2001. 9. 11. '3,000여 명'이 사망하고 미국 역사에서 치명적인 테러행위로 기록된 '911 테러사건' 이후 부시 행정부가 승인한 신체적·정신적으로 강화된 '고강도 테러 용의자 신문방식'[1](고문 등)이 비윤리적이라는 비판에서 출발하였다. 결국 이러한 '강화된 신문방식의 종식'을 선언하면서 2009년 8월 공식적으로 HIG의 설립이 승인되었다. 그들은 심리학을 비롯해 전 세계의 피의자 신문, 면담, 라포형성, 관계형성, 설득법칙 등을 검토했다. 그리고 테러용의자를 신문하기 위한 네 가지의 실질적인 접근방식을 결정하였다.

---

1) '강화된 신문방식'이란 강압적, 폭력적인 방법을 사용해 필요정보를 획득하는 것으로서, 이는 미국 내 법집행 기관의 고전적 신문방식을 강도높게 비판해온 레오 교수가 주장한 '3급 수사'의 방식을 의미한다.

첫째, 용의자와의 협력

둘째, 효과적인 인터뷰 기술을 통해 정보를 추출

셋째, 증거의 전략적인 사용

넷째, 신뢰성 평가

이를 기반으로 개발된 '증거기반 신문모델'은 신문관의 이미지를 브랜딩하거나 대화를 촉발시킬 점화효과, 분석된 정보확인 등으로 구성된 '준비기획'과 '면담'과정에서 첫 대면시 대상자에게 보여질 수사관의 인상을 어떻게 관리할 것인지와 첫마디를 어떻게 시작하고 그와 연계된 설명을 결정한다. 그리고 소통의 기술과 영향력을 행사하거나 동기적인 면담을 실행하는 것으로 구성되었다. 특히, 세부 면담과정에서 증거의 통제된 개방을 강조하는 '전략적 증거사용 테크닉2)'과 부드러운 접근으로부터 대상자로부터 더 많은 정보를 획득하도록 고안된 '샤프 테크닉3)'의 활용이다. 그리고 면담내용을 요약하거나 목표를 재검토 하거나 향후 진행 예정사항을 검토하는 '마

---

2) 전략적 증거사용 테크닉(SUE Technique)은 Strategic Use Evidence의 약자로서 스웨덴에서 개발된 신문기법이다. 용의자를 신문할 때 증거를 초반에 모두 제시하는 것이 아니라 '통제된 개방'을 하는 것이 핵심이다. 초기단계에서 모호하고 비구체적인 수준의 증거를 제시하면서 최종적으로는 정밀하고 구체적인 증거를 제시하는 전략이다. 이러한 과정을 통해 자백을 효과적으로 이끌어내는 것이 목적이라고 할 수 있다.

3) 샤프 테크닉(Scharff Technique)은 제2차 세계대전 당시 독일의 심문관으로 활동했던 한스 샤프가 미국으로 건너가 발간한 그의 傳記에서 추출된 심문기법이다. 부드러운 접근법을 활용하고 대상자가 쏟아내는 정보를 절제된 반응과 마치 수사관이 모든 것(혹은 더 많은 것)을 알고 있다는 환상을 심어주어 대상자로부터 더 풍부한 정보를 획득한다는 신문 전략이라고 할 수 있다.

무리'단계로 구성되어 있다. HIG의 '증거기반 신문모델'은 구금된 테러용의자를 신문하기 위해 개발된 측면이 있어 우리나라에 단순 적용하는 것은 분명히 문제가 있다고 할 수 있다. 그러나 위 '증거기반 신문모델'의 긍정적 의미는 수사면담에 있어 부드러운 접근을 통해 라포를 형성하고 면담과정에서 영국의 PEACE모델을 기반으로 효과적인 자백을 유도하는 증거의 전략적 사용기법, 더 많은 정보를 획득하도록 해주는 샤프 테크닉과 같은 유용한 면담과 신문기법을 융합해 하나의 구조화된 신문모델을 제시했다는데 있다.

위 HIG의 '증거기반 신문모델'은 이 책에 수록된 한국형 수사면담과 용의자 신문의 모델인 「계단모델(Stairway Model)」을 개발하는데 많은 자극요인이 되었다.

한국형 수사면담과 용의자 신문모델
-계단 모델(Stairway Model)

PART 2

한국형 수사면담과 용의자 신문모델
-계단 모델(Stairway Model)

1. '계단 모델(Stairway Model)'의 구성

수사관은 수사목적 달성을 위해 효과적으로 진술증거를 확보해야 한다. 그것은 앞서 살펴보았듯 물적증거만으로는 사건을 완벽하게 재구성할 수 없기 때문이다. 한국형 수사면담과 용의자 신문모델인 '계단 모델(Stairway Model)'은 미국 HIG의 신문모델을 배경으로 삼아, 우리의 사회적·문화적 특성을 고려해 저자가 개발한 모델이다. 이 모델은 민간기업 및 공공분야의 감사부서와 민간조사업, 화재조사, 군(軍)수사관 등 현장 수사업무와 관련해 실체적 진실을 발견하도록 하면서도 인권보호 측면에서 오류의 가능성을 최소화 한 구조화된 윤리적인 조사방식이라고 할 수 있다. 특히, 강압적이고 억압적인 방식으로 면담과 신문을 하는 것이 아니라 대립관계를 해소하고 확보한 증거를 기반으로 적극적인 설득을 통해 자백을 획득하고 획득된 자백은 검증절차를 거친다는 데 더욱 큰 가치가 있다.

자백의 검증은 획득한 내용에 대한 허위가능성을 검토함으로써 수집된 객관적 증거자료와 자백의 내용이 일치하는지 여부를 확인하게 된다. 자백 이전에 확보된 증거자료나 정황자료가 자백 이후에 어떻게 보강되었는지 여부와 그 보강자료의 독립성 여부를 검토하게 된다. 이러한 과정을 통해 허위자백으로 인한 인권침해의 요소들을 배제하게 된다. 또한, 수사의 최종적인 목표가 자백의 획득이 아니라 실체적인 진실을 발견하는데 있다는 방향성을 잃지 않게 된다. 특히, 정보를 수동적으로 수집하는 형태의 학문적이고 현학적인 면담방식을 지향하는 것이 아니라 수사관들이 활동하는 실제 현장에서의 활용성을 극대화 한 면담과 신문의 전략을 담았다. 효과적인 수사면담 및 신문을 위한 「**계단 모델**(Stairway model)」은 다음과 같다.

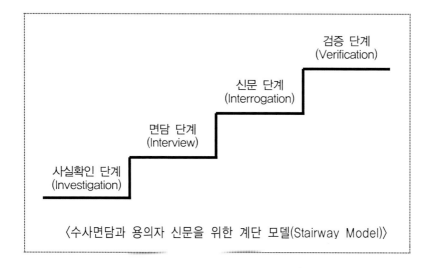

〈수사면담과 용의자 신문을 위한 계단 모델(Stairway Model)〉

계단 모델(Stairway model)은 4개의 영역으로 구성되어 있다. 1단계는 사실의 조사 단계로서 사건을 인지한 직후 기본적인 수사활동을 의미한다. 사실관계를 확인하고, 물적증거를 수집하면서 관련자들과의 문답행위를 통해 사건과 관련된 기초정보를 축적하는 단계이다. 2단계는 면담을 실행하는 단계로서 사실 확인과정에서 물적증거 등을 기반으로 선정한 면담의 대상자들을 상대로 진술증거를 직접 확보하는 단계이다. 이 과정에서 전략적으로 증거를 사용하면서 모순을 발견하고 누적시켜 모순이 극대화되도록 하거나, 언어적 대안을 소진시키게 된다. 3단계는 신문을 실행하는 단계로서 면담을 통해 논리적으로 유죄를 확신하게 될 경우에만 신행된다. 만약 '유죄의 논리적인 확신'이 없을 경우 신문을 진행하지 않고 1, 2단계를 통해 관련 추가적인 증거를 수집하는 것이 필요하다. 이 단계에서는 자백을 효과적으로 설득하는 단계라고 할 수 있다. 4단계는 검증을 실행하는 단계로서 1~3단계를 거치면서 확보한 물적증거와 자백진술들이 상호 유기적으로 오염없이 연결되는지 여부를 검토해야 한다. 이러한 1~4단계를 거쳐 실체적 진실을 발견하게 되는 것이 계단 모델이다.

각 단계는 하나씩 순서대로 진행되고, 각 단계의 고유한 역할과 목적에 충실할 때 다음 단계로 나아갈 수 있다. 중간 단계에서 출발하거나 단계를 건너뛰는 것은 불가능하지는 않겠지만 그로 인한 결과물의 무오류성을 보장할 수 없게 된다. 다만, 면담 단계에서 대상자의 진술이 그때까지 수집된 물적, 인적증거와 부합될 경우 '신문

단계'의 생략은 가능하다. 신문은 거짓말하는 대상자의 진술에서 기
초사실 조사 단계에서 수집된 증거나 자료와의 모순을 발견하고 누
적시키고 극대화된 지점에서 실행가능하기 때문이다. 각 단계별 세
부기능과 이유를 명확하게 숙지하는 것은 효과적인 수사면담과 용의
자신문을 위해 필요하다.

2. 계단 모델(Stairway Model)의 세부내용

(1) 1단계: 사실의 조사(Investigation stage)

해당 사건에 대한 사실의 조사활동은 증거를 수집하는 절차나
방식, 관련자들과의 초기 문답행위를 통해 사건의 기초적인 사실관
계를 확인하는 활동을 의미한다. 이 단계는 간단한 수사활동으로 끝
날 수도 있고 경우에 따라 훨씬 더 많은 시간들이 소요될 수도 있다.
중요한 것은 시간이 아니라 관련된 모든 요소들을 신중하고 사려 깊
은 마음으로 수집하고 판단하여야 한다는 것이다.

사건과 관련된 사실관계를 폭넓게 확인하고 최대한 오염가능성
을 염두에 둘 필요가 있다.[1] 오염가능성이란 증거 수집과정에서의
오염을 의하며 수집과정에서 물적증거를 훼손시키지 않은 채 수집하

---

1) '美, 리드테크닉의 수사면담과 신문 기본 및 고급과정' 강의 및 훈련내
용 발췌(전문강사: Sjoberg. R.). 2019. 9월.

는 것을 포함해 관련자들의 진술증거를 오염시키지 않으면서 수집하는 것도 중요하다. 물적증기의 오염이란 증거물의 형상에 변형을 가하는 것이라고 할 수 있다. 예를 들면 접속기록, 범행도구나 지문, 족적 등의 증거물을 물리적으로 훼손하는 일련의 행위를 의미한다. 진술증거의 오염이란 인간의 취약한 기억력으로 인해 질문과정에서 대상자의 주관적인 경험의 기억들이 훼손되는 것이라고 할 수 있다.

예를 들면 목격자의 경우 자신이 목격한 대상자의 성별이 확인되지 않았음에도 수사관이 특정한 성을 질문에 일방적으로 삽입할 경우 이어지는 대화에서 대상자의 성별 표현은 특징한 방향성을 가진 표현으로 왜곡되고, 이러한 오염은 성별 외에도 시간, 인상착의 상태, 행위 등 모든 영역에서 오염가능성이 있다는 것을 의미한다. 기초조사 단계에서의 오염된 자료는 향후 이어지는 수사 단계에서 대부분 걸러지기는 하겠으나 더 많은 시간과 비용이 소요될 것이다. 그러므로 수집 단계에서 오염가능성 특히, 인적관계로 이어지거나 이해득실에 의한 오염가능성은 미리 검토되어야 할 필요가 있다.

1) 목격자 진술의 신뢰성 평가의 중요성

전국 강·폭력 범죄 수사부서에 근무중인 형사들은 대부분의 사건에서 목격자들을 확보하거나 확보하기 위해 많은 노력들을 한다. 실제로 목격자들의 진술내용은 사건해결에 결정적인 역할을 하기도 한다. 이러한 목격자 진술의 신빙성 평가에 대한 통찰을 제공하기 위해 저자는 경찰수사연수원에서 전국 강·폭력범죄 수사부서의 형사

들을 대상으로 '용의자 신문기법' 강의시간에 흥미로운 실험을 했었
다. 사전에 동료 교수요원과 협의한 후 주차된 차량에서 카메라를 훔
쳐가는 1분짜리 영상을 촬영해 두었다. 이 영상을 교육생 2명씩 짝
을 지어 한사람은 영상을 보게 하고 나머지 한사람은 보지 않도록
했다. 1시간이 흐른 뒤 영상을 시청하지 않은 교육생이 시청한 교육
생을 상대로 '차량털이 절도범죄 목격자 진술'을 확보하도록 했다.

그들이 1분짜리 영상을 재현하는 과정에서 기억의 오류율이 무
려 90%에 이르렀다. 특히, 가치판단이 개입된 물건, 행동, 의복에 많
은 오류가 발생하였다. 수사전문가들이라고 할 수 있는 형사들 역시
1분짜리 영상을 편안한 환경에서 시청하고 1시간 뒤 재현하는 과정
에서 이러한 오류들이 발견되었다면, 수일, 수주, 수개월 전 우연하
게 특정 사건을 목격한 목격자들의 확신에 찬 진술에 대한 신빙성
검토는 반드시 교차증명 수준으로 검증할 필요가 있다는 것을 이해
할 필요가 있다. 만약 초기 사실조사를 통해 우리가 확보한 면담결과
물들이 오류, 오염되어 있다면 전 세계 형사사법기능의 오판에 공통
적으로 내재된 터널비전과 확증편향이 우리 내부로 스며들어와 있을
가능성이 있다. 실제로 실종된 부녀자가 피살된 사건의 수사과정에
서 범인을 목격한 중요 목격자를 상대로 한 진술확보과정에서 용의
자들과 무관한 '착의'상태가 진술되기도 했다.[2] 이러한 형태의 현장
오류들은 적지 않다. 그러므로 대상자들로부터 수집되는 진술증거는

---

2) 오지형. (2016). 강력사건 수사론. 서울: 수사연구사. 181.

반드시 교차증명 또는 검증되어야 할 필요가 있다는 것을 이해하는 것은 중요하나.

2) 신상정보 수집

사실의 조사단계에서 면담 대상자가 될 가능성 있는 관련자들의 신상정보를 수집하는 것은 중요하다. 수집된 신상정보는 다음 단계인 면담 단계의 초기에 부드러운 출발을 가능하게 하고 라포형성을 촉진할 재료로 활용될 것이다. 또한 이를 기반으로 대상자와의 면담과정에서 특정질문에 대한 특이한 반응 여부를 분별할 수 있는 대상자의 일상적인 반응 '기저선'이 확보될 수 있다. 확보된 기저선은 '거짓의 가능성'(거짓이 아니라 거짓의 가능성이다)을 알아볼 수 있는 신호등으로 기능함으로써 수사관을 돕게 될 것이다. 예를 들어 범죄와 관련된 특정하고 정교한 질문이 주어졌을 때 질문과 답변 사이에 공백을 삽입하거나 즉답을 회피하는 행위와 손, 발의 이상 반응 등은 비자극적인 주제들로 일상대화에서 어떤 기저선이 있는지를 확인한 후에야 확보가능한 영역들이다.

(2) 2단계: 면담의 실행(Interview stage)

1) 면담 계획서 작성

기본적인 사실조사를 통해 필요자료의 축적이 이루어졌다면 면담실행을 위한 계획서를 작성하고 충분히 검토해야 한다. 특히, 외형

상으로는 사실인것처럼 보이지만 근거가 미약하거나 없어서 확인되지 않은 내용과 실제 사실과의 차이를 구분하는 것이 중요하다. 계획서는 수집가능한 모든 정보를 검토하고, 대상자로부터 확보하고자 하는 면담의 목표와 그 목표에 이르기 위한 접근방식으로 구성해야 한다. 이러한 계획의 기초는 다음 네 가지의 질문에 답변을 하고 면담과정을 평가하는 것으로 구분해 준비할 수 있다.

첫 번째, '우리가 알고 있는 것은 무엇인가?'

우리가 실제로 알고 있고, 근거기반이 확보되어 검증된 내용을 점검하는 것이다. 이러한 확보된 증거나 사실을 더욱 선명하게 하는 이유는 증거가 제시될 경우 대상자의 예상가능한 언어적 대안을 미리 검토하고 면담과정에서 모두 소진시키는 데 중요한 의의가 있다.

두 번째, '우리가 들은 것은 무엇인가?'

우리가 사실조사과정에서 듣기는 했지만 현재까지 검증되지 않아 향후 정밀한 검증이 필요한 정보를 의미한다. 이러한 정보는 검증되지 않아 면담이나 신문과정에서 대상자에게 제시한다면 효과적인 면담이나 신문을 방해하는 주요한 요인이 된다.

세 번째, '우리가 생각하는 것은 무엇인가?'

위 사실로 확인된 검증된 내용과 듣기는 했으나 검증되지 않은 내용을 기반으로 합리적 추론과정을 거쳐 도출된 결론을 의미한다. 예를 들면 가설을 세우는 것이다.

네 번째, '무엇을 해야 하는가?'

검증된 자료, 검증되지는 않았으나 기초조사과정에서 수집된 자료, 추론에 대한 평가결과를 바탕으로 사건이 실체적 진실을 밝히기 위해 필요한 것은 무엇인지와 같은 목표를 설정하는 것을 의미한다.

다섯 번째, 평가

평가는 면담 전 기초사실을 토대로 수사면담을 실행하기 전 수립한 계획이 면담 종료 단계에서 그 목적달성을 했는지 여부와 그 이유 및 향후 해야 할 계획수립에 대한 단서를 제공해 준다. 면담 및 신문 계획서 양식은 다음[3])과 같다.

---

3) FBI 테러 혐의자 신문·면담기법 세미나 자료(2016), 재구성.

면담 및 신문 계획서
사건개요
면담대상자 인적사항
1. 우리가 알고 있는 것은 무엇인가? 　가. 확보된 증거 　나. 증거 제시할 경우 예상 가능한 언어적 대안
2. 우리가 들은 것은 무엇인가?
3. 우리가 생각하는 것은 무엇인가?
4. 우리가 해야 할 일은 무엇인가?
5. 평가

〈면담 및 신문 계획서〉

2) 면담순서 정하기

어떤 사건과 관련된 인적구성원들을 면담할 경우 면담의 순서를 정하고 그 순서대로 실행해야 할 이유가 있다. 우선 가장 유죄의 가능성이 적은 대상자로부터 면담을 시작하고 그 반대로 가장 유죄의 가능성이 가장 많은(혹은 가장 많은 범죄 행위의 동기가 있는) 대상자를 제일 마지막 순서로 해야 한다. 그것은 최초 면담을 시작하면서 자신이 무고한 대상자는 자발적인 정보를 스스럼 없이 제공할 것이고 이러한 정보는 면담의 과정이 반복되면서 수사관들이 미처 확보하지 못한 정보들을 누적시켜 준다. 대상 사선과 관련된 정보의 누적은 유죄의 가능성이 가장 많은 마지막 대상자를 면담할 때 유용한 역할(진술의 신빙성 판단 등)을 하게 될 것이다.[4]

3) 가치중립적 접근의 필요성

수사면담과 용의자 신문에서 수사관의 '날카로운 질문'이 대상자로부터 자백을 이끌어내는가에 대한 질문에 대답해 볼 필요가 있다. 만약 '그렇다'고 대답한다면 효과적인 면담과 신문전략은 질문을 날카롭게 구성해 집중 추궁함으로써 심리적인 압박상태에 놓이도록 준비될 필요가 있다. 그러나 현장에서 대상자로부터 자백을 획득하는 비결은 날카롭게 구성된 질문의 조합이 아니라 수사관으로서의

---

4) Inbau, F. E., Reid, J. E., Buckley, J. p., Jayne, B. C. (2005). *Criminal Interrogation and Confessions: Essentials of The Reid Technique*. America: Jones & Bartlett Learning, 16.

품위 있는 전문성과 대상자의 마음을 열 수 있는 따뜻함의 조합에서 더 효과적으로 이끌어 낼 수 있다는 것을 잊지 말아야 한다. 대상자와 일종의 협력관계를 증진시켜 신뢰를 얻는 것이 선행되어야 한다는 것이다. 수사현장에서 대상자를 면담하기 위해 우리는 다음 세 가지의 접근방법을 선택하고 활용할 수 있다.

첫째는, 유죄추정 접근방식이다.

이 접근법은 대상자로 하여금 대상자의 행동적 반응을 보다 선명하게 촉진한다는 장점이 있을 수 있고 반면에 정황적 증거자료만 있는 사건에서는 오류로 연결될 수 있다. 또한 유죄를 추정한 상태에서 나오는 수사관으로서의 독특한 언어적·비언어적 표현들로 인해 대상자로 하여금 심리적 경계와 도전적인 저항을 야기할 수도 있다.

둘째는, 무죄추정 접근방식이다.

이러한 접근방식은 대상자를 안심시킬 것이고 저항을 충분히 감소시키는데 효과적일 것이다. 그러나 결국 대상자로부터 무죄추정되는 자료만 수동적으로 수집할 수 있을 뿐이다. 수사면담과 신문은 일반적인 의사소통이 아니라 수사목적달성이라는 목표가 있는 행위이므로 일정한 수준에서 대상자와의 친밀함은 재조정될 필요가 있다.

셋째는, 가치중립적 접근방식이다.

이러한 방식은 대상자에 대한 한쪽으로 치우친 선입견 없이 객관적으로 면담을 진행할 수 있다는 장점이 있다. 그리고 수사관으로 하여금 오류를 최소화하면서 객관적으로 사건과 대상자를 조망할 수 있도록 시야를 확보해 준다. 대싱자 측면에서도 선입건 없이 자신을 상대하고 이야기를 주고 받을 수 있기를 희망할 것이다. 주관적인 가치판단이 개입되지 않는 가치중립적인 접근방식은 수사면담의 진행에 있어서 '가장 좋은 방법'으로 인정되고 있다.[5]

4) 모순의 누적

대상자와의 면담 과정에서 수사라는 기능적 목적을 달성했는가를 결정하는 가장 중요한 지점은 진술과정에서 '모순'이 발견되는가의 여부에 달려있다. 두 가지 측면에서 매우 중요한 의미가 있기 내문이다. 우선 대상자의 진술내용에서 '면담' 이전 단계까지 누적된 자료들과의 '모순'없이 검증된 자료들과 '부합'되는 진술을 한다면 그것은 대상자가 '진실한 내용을 말한다'고 평가되어진다. 이러한 진실한 대상자들의 진술은(비록 소수이기는 하나) 신문단계 없이 기본적인 검토사항을 재검토하는 수준에서 조사가 마무리 될 수도 있을 것이다. 그러나 이 책의 앞부분에서 살펴보았듯이 통계상 또는 경험상 대부분의 대상자들은 자신의 범죄 관련성이 탄로 날 경우 처벌받게 되므로 거짓을 말하거나 인위적 조작(때로는 특수한 목적으로 실행되는 피해자의 피해사실을 부풀린 진술, 참고인의 허위사실의 진술 등)하는 경우가 적지 않다.

---

5) Inbau, F. E., Reid, J. E., Buckley, J. p., Jayne, B. C. (2005). *Criminal Interrogation and Confessions: Essentials of The Reid Technique.* America: Jones & Bartlett Learning, 38－40.

거짓말하는 대상자의 진술내용에는 객관적으로 검증된 자료들과 필연적으로 '모순'이 발견될 것이다. 그 다음은 이렇게 발견된 모순을 어떻게 다루는가에 따라서 사건의 진실을 발견하기 위한 '신문단계'로 나아갈 환경이 조성될 수 있기 때문이다. 발견된 모순은 대상자가 쉽게 원점으로 되돌아 갈 수 없도록 정교하게 다루어져야 할 필요가 있다. 예를 들면 어떤 특정장소에 존재한 사실이 객관적으로 확인된 대상자가 면담과정에서 '그 곳에 있지 않았다'는 거짓말을 한다고 가정해 보자, 만약 모순이 발견된 직후 확보된 증거자료가 제시될 경우 대상자는 '내가 착각했다'거나 '내 말을 잘못 알아들은 것이다'는 등의 언어적 대안을 활용하는 방식으로 확보된 증거자료들을 무력화시킬 것이다. 이러한 증거자료의 무력화 시도에 대한 대응전략으로 통제된 절차에 따라 개방하는 전략을 활용함으로써 모순을 누적시키는 방식이 활용되어야 한다.6)

'SUE 테크닉은 허위진술(거짓말)의 신호를 이끌어내고 속임수와 진실에 대한 올바른 판단의 기회를 향상 시키는 인터뷰 방법'으로 알려져 있다7)고 주장되어져 왔다. 그러나 계단 모델(Stairway Model)에서는 'SUE 테크닉'의 적용은 거짓탐지8)가 아니라 다음 '신문 단계'에

---

6) 이러한 방식을 '전략적 증거사용 기법*(Strategic Use of Evidence technique)'* 이라고 한다.'
7) Hartwig, Maria & Granhag, Pär & Luke, Timothy. (2014). *Strategic Use of Evidence During Investigative Interviews: The State of the Science*. Credibility Assessment: Scientific Research and Applications. 1–36.
8) 저자는 면담에서 '거짓말을 탐지'하는 것이 가능하다고 보지 않는다.

서 자백을 효과적으로 설득하기 위한 심리적 기반조성의 용도로 활용될 필요가 있음이 주장되어 진다. 우리는 면담과정에서 '거짓'자체를 증명해 낼 수 없다. 면담과정에서 발견되는 '모순'이 의미하는 바는 '거짓'일 경우도 있지만 반대의 경우도 있을 것이다(내용을 축소하는 방식으로 정보를 제공하지 않는 행위는 거짓이라고 할 수 없다). 그러므로 '거짓'의 발견이 아니라 '모순'을 발견하고 그 모순을 특정한 방식으로 확장시켜야 한다. 그 과정에서 진실한 사실로서 일부 누락된 정보는 보강될 것이고 허위의 사실일 경우에는 또 다른 모순이 발견 될 것이다. 이러한 모순을 누적시키고 누적된 모순이 가장 극대화 된 지점에서 검증된 증거를 제시함으로써 대상자가 간단한 방법으로 그간의 '진술내용을 되돌리지 못하도록 하는 것'이 핵심이어야 한다.

모순을 누적시키는 방법론적인 측면에서 이상적인 진행을 위해 면담 이전 단계까지 검증되고 사실 확인된 자료를 최대한 많이 확보할 필요가 있다. 면담준비가 되면 '깔때기' 형태와 같이 처음에는 개방형 질문으로 포괄적인 넓은 이야기를 진술하도록 하면서 라포형성을 더욱 견고하게 구축한다. 이후 깔때기의 중간 부분과 아래의 좁은 부분처럼 최초 제시된 개방형 질문에 대한 답변을 조금씩 좁혀 차츰

'피노키오 신드롬(거짓말하면 코가 길어지는 현상)'은 존재하지 않는다는 표현으로 설명가능할 것이라 본다. 또한 지난 이십여 년간의 수사현장의 경험뿐만 아니라 이와 관련된 분야 수백건의 메타연구를 분석한 '레오(Leo)' 교수 역시 현재까지 개발된 거짓탐지의 도구들의 정확성은 확률상 '동전 던지기'의 수준에서 벗어나지 못하고 있음을 주장하고 있다. 이와 관련해서는 Part 4를 참조.

구체화 하는 방식으로 세부 진술을 확보하는 것이다.9) 그 과정에서 거짓진술을 하는 대상자의 모순을 그대로 허용하면서 그 모순의 탑을 더욱 높이 쌓을 수 있도록 한다. 이것은 향후 증거가 제시되었을 때 예상가능한 모든 언어적 대안을 소진시키는 전략적 면담의 핵심이라고 할 수 있다.

5) 언어적 대안의 소진

면담계획 수립과정에서 검토되어야 할 것은 이미 확보된 증거를 제시할 경우 대상자가 선택가능한 '언어적 대안'으로서의 변명거리를 미리 예상하는 것이다. 그리고 면담과정에서 이러한 변명거리를 모두 소진시킨 후 모순이 극대화된 바로 그 지점에 증거를 제시하는 것이다.10)

이러한 과정을 거쳐 변명거리가 모두 소진된 거짓을 말하는 대상자는 증거가 제시될 경우 합리적이고 논리적인 대안을 갖지 못하고 '범행 부인'에 대한 강고한 결심에 균열을 보이기 시작하게 될 것이다. 변명가능한 경우의 수를 모두 무력화시킨 이후 확보된 증거와 대상자의 진술 사이의 모순을 지적하면서 해당 증거를 제시하게 된다.

---

9) FBI 테러 혐의자 신문·면담기법 세미나 자료(2016).

10) Fahsing, I. A., & Rachlew, A. (2009). Investigative interviewing in the Nordicregion. in Williamson, T., Milne, B., Savage, S. P.(Eds.) *International Developments in Investigative Interviewing*, Cullompton, Willan, 54−60.

예를 들면, A회사의 전무가 B회사 대표이사로부터 자재를 납품하는 계약을 유지한다는 냉목으로 현금 1억원과 고급 골프클립을 제공받았으나 계약해지되었다는 내용의 제보가 접수되었다고 해 보자. 그리고 제보자로부터 확보한 물적증거는 ① 골프클럽 매입 영수증과 연습장에서 제공받은 클럽을 사용하는 것을 목격한 목격자의 진술, ② 현금 1억원을 제공한 장소에서 A회사 전무와 만난 사실을 증명할 CCTV사진이 있을 경우이다.

우리는 면담과정에서 위 두 종류의 확보된 증거를 제시할 경우 예상가능한 대상자의 언어적 대안을 검토해야 한다.

①번 증거와 관련
이 증거가 제시될 경우 '자신의 돈으로 매입'을 주장하거나 'B회사 대표로부터 잠시 빌렸다'거나 '전혀 모른다'는 대응이 예상될 것이다. 그러므로 증거를 제시하기 전 개방도 높은 질문을 통해 대상자에 대한 재정상태, 기존 골프클럽의 상태와 만족도, 매입 연도와 같은 것들을 모두 직접 질문이 아닌 방식으로 확인해야 한다.

②번 증거와 관련
이 증거가 제시될 경우 '그냥 일상적으로 차 마시려고 만났을 뿐이다'거나 '그 장소에 갔다가 우연히 만났으나 돈을 받은 사실은 없다' 또는 '돈이 필요해서 잠시 빌렸다', '전혀 만난 사실이 없다'라는 형태의 대안을 활용할 것이다. 그러므로 평소 같은 시간대 이동 동선을 명확히 하도록 하고, B사 대표이사와의 친분 관계와 평소 재

정상태, 사용처와 같은 내용을 모두 진술하도록 해야 한다.

예상가능한(합리적) 수준의 대안들이 소진된 이후 증거를 제시받을 경우 대상자는 그간의 진술에도 불구하고 진실한 사실로 정정해서 진술하거나 급히 만들어낸 비합리적인 변명을 하게 될 것이다. 이러한 비합리적인 변명의 피난처는 대상자의 유죄가능성을 더욱 선명하게 부각시키는 역할을 하게 된다.

이렇듯 면담과정에서의 대상자 진술이 이미 확보된 증거와의 사이에서 모순이 발견되고, 이러한 모순이 면담이 진행될수록 누적되고 극대화되어 확보된 증거로 인한 예상가능한 언어적인 대안들이 모두 소진된 면담의 끝 지점에서 대상자의 유죄에 대한 가능성이 논리적으로 의심을 받게 된다. 바로 이 지점이 면담에서 '신문'시스템으로 넘어가야 하는 분기점이라고 할 수 있다. 비교적 수동적인 정보를 수집하는 면담으로는 자백을 확보하는 데 분명한 한계가 있고, 이러한 한계를 극복하기 위해 자백을 효과적으로 설득해야 하는 신문절차가 필요한 것이다.

(3) 3단계: 신문의 실행(Interrogation stage)

신문의 실행은 대상자들이 범행과 관련된 동기, 방법, 공모자 여부, 횟수 등 관련 정보가 드러날 경우 처벌받거나 힘든 상황이 예상되는 사실에 있어서 자발적으로 관련성에 대한 진술을 하도록 하는 것이 목적이다. 이를 통해 대상자의 주관적인 경험세계를 포함한 객관적인 범죄행위를 완벽하게 재구성하는 것이다. 대상자가 자신의 위법행위에 대해 자백하는 것은 물적증거만으로 사건을 구성할 경우의 위축된 형태와는 질적으로 다른 결과물이다. 그러나 효과적인 신문을 실행하지 못할 경우 자백 획득에 실패하게 된다. 그러므로 수사관들이 면담과 신문의 차이점을 분명하게 인식하는 것이 필요하다. 면담은 신문에 앞서 실행되는 과정이며, 면담과정에서는 개방도 높은 질문을 통해 해당 범죄사건을 포함해 대상자의 개인적인 이야기와 사건을 둘러싼 연관성 있는 이야기들을 진술하도록 해야 한다. 이것이 가능하려면 위협적이지 않은 초기개방형 질문들을 통해서 형성된 신뢰관계를 기반으로 진술을 획득하는 과정에서 대상자에 대한 '유죄가능성'을 검토하고 유죄가능성의 확신이나 가능성의 수준이 높게 평가될 경우 신문 단계로 전환해야 할지를 결정한다(만약에 대상자의 범죄개입에 대해서 의심이 들면 신문은 하지 않아야 한다). 그러나 신문은 자백을 획득하는 것을 직접 목적으로 한다. 자백의 획득은 면담단계에서 처럼 비교적 수동적인 진술을 청취하는 과정을 반복하는 것이 아니라 적극적으로 사건에 대한 전체 진행과정을 보고하도록 효과적으로 설득하는 것을 의미한다.

수사관은 면담과정에서 활용한 면담기술과는 달리 자백을 효과적으로 설득하기 위한 다른 기술을 활용하는 것이 가능해야 한다. 이러한 신문을 위한 재료들을 Reid테크닉에서는 '신문화제'라고 부르기도 한다. 신문화제는 대상자로 하여금 자백에 대한 심리적 부담감을

줄여주는 역할을 하게 되므로 사실관계와 연결시키는 것이 중요하
다. 심리적 부담이 줄어들고 부드러운 접근으로 설득된 대상자는 자
신의 행위를 모두 진술하게 될 것이다.11)

　　다시 강조하자면 신문의 실행은 2단계의 면담과정에서 모순이
극대화된 지점 및 언어적 대안이 모두 소진된 그 정점에서 실행되어
져야 한다. 그것은 대상자의 유죄를 논리적으로 확신할 수 있는 단계
를 의미한다. 만약 진실한 대상자라면 면담 단계에서 모순이 발견되
지 않을 것이고, 또한 모순의 누적이나 모순이 극대화되는 과정이 없
을 것이다. 특히 증거를 제시할 경우 대상자의 언어적 대안은 자신의
죄를 은폐하기 위한 '변명'이 아니라 '진실'일 것이기 때문이다.

　　신문은 거짓말을 하는 용의자를 상대로 자신의 범죄행위에 관
한 주관적 사실을 자백을 할 수 있도록 효과적으로 설득하는 기술이
라고 할 수 있다. 자백을 설득하려면 그에 적합한 환경이 조성될 필
요가 있다. 언어적 대안으로서의 가능성을 모두 면담과정에서 소진
시켜 오면서 그 모든 대안이 소진된 바로 그 지점이 신문에 필요한
환경이 갖춰진 곳이다. 신문은 면담과 분리되지 않은 후반부의 특정
지점에서 연결해 진행될 수도 있고, 면담과 분리해 다른 시점에 신문
만을 진행할 수도 있다. 신문에서 중요한 것은 신문을 위해 조성된
조건이라고 할 수 있다.

---

11) Vessel, D. (1998). Conducting Successful Interrogations. *FBI Law Enforcement Bulletin, Oct,* 1-6.

증거의 제시로 대상자는 그동안 모순이 누적되면서 자신의 언어적 대안이 모두 소진된 것을 알게되고 허둥거리면서 피난처를 찾지 못할 것이다. 이 지점에 대상자의 도덕적 무게를 줄여주도록 해서 그의 자백을 효과적으로 설득할 수 있어야 한다. 자백확보를 위한 효과적인 설득이란 범죄행위로 인한 대상자의 도덕적 무게를 중화시켜줄 수 있는 전략이 필요한 것이다.[12]

신문 단계에서 최종적인 증거의 제시는 위협적이지 않아야 한다. 비록 면담과정에서 대상자의 모순과 상반되는 결정적인 증거라 하더라도 그를 '거짓말쟁이'로 만드는 것은 그로 하여금 높은 장벽을 쌓고 들어가도록 하므로써 대화의 통로를 경색시킨다. 대상자의 강렬한 저항이나 무반응은 수사관이 피하도록 해야 한다. 자백은 대상자의 자발적인 협조를 담보로 진행될 수 있는 과정이다.

1) 자백의 효과적인 설득

범죄 용의자들을 신문하면서 그들에게 자백하는 것을 효과적으로 설득하는 것의 중요성을 "범죄자들로 하여금 범죄와의 연루성에

---

12) Sykes, G. M., Matza, D., (1957). Techniques of Neutralization: A Theory of Delinquency. *American Sociological Review*, 22(6), 664−670.
중화이론은(Techniques of Neutralization Theory) 범죄자들이 자신의 기본적인 가치관을 가지고 있어 범죄와 같은 특정한 행동이 나쁜짓이라는 걸 알지만 그 행동을 정당화시키는 방법으로 죄의식의 무게를 줄인다는 것이다. Sykes와 Matza는 이러한 행위를 책임의 부인, 가해의 부인, 피해의 부인, 비난자에 대한 비난, 보다 높은 층위에의 충성심에 호소의 5가지로 분류했다.

대해서 시인하도록 품위 있는 길을 마련하는 것"으로 표현하기도 한다. 그것은 범죄자들이 자신들의 행위에 대한 자존심이나 체면을 지키기 위해 후술하는 RPM이라 불리는 방어체계를 사용하는 것을 말한다. RPM이란 범인들이 자신들의 범죄행위에 대해 합리화하거나, 다른 사람을 비난하는 투사나, 범죄로 인한 피해 정도를 최소화하는 것을 의미한다. 범죄자들이 내적 방어체계로 작동하는 것을 수사관이 적극적으로 활용해 자백을 효과적으로 설득가능하게 되는 것이다. 예를들면 아래와 같은 사건의 성공적인 해결의 여부는 대상자로부터 그의 주관적인 경험에 관한 진술을 받아내는 것에 달려있다고 할 수 있다.

Case 1

2020. 1. 1. 09:00경 ○○시 ○○에 있는 2층 주택에서 살인사건이 발생했다. 피해자 오미숙(38세, 가명)은 안방 침대에서 칼로 배를 5회 찔려 사망했고, 그녀의 딸 정샛별(5세, 가명)은 작은방 침대에서 목이 졸린 채 사망했다. 남편 정상태(43세, 가명)는 1년 전 실직으로 경제적인 곤란 상태에 처해 있었고, 그로 인해 피해자와 잦은 다툼이 있었다. 3개월 전 피해자로부터 이혼을 요구받은 후 별거 중이었으나 사건 전날 피해자의 집에 방문했다가 당일 03:00경 귀가하는 것이 확인되었고 외부침입 흔적은 발견되지 않았다. 남편 정상태는 즉각 용의자로 부각 되었고, 그는 자신이 "집을 나올 때 피해자가 배웅해 주었고, 아무 일 없었다"고 자신의 결백을 주장한다. 칼에서는 피해자의 혈흔 외 아무것도 발견되지 않았다.

위 사건에서 대상자로부터 범행을 자백받는다는 것은 범행을 부인하기로 결정한 대상자에게 자신의 의지와는 달리 스스로 처벌받

게 될 사실을 수사관에게 진술하도록 설득해야 하는 것이다. 앞서 살펴본 바와 같이 자백을 획득하지 못하게 된다면 객관적으로 확보된 물증만으로 구성된 사실, 즉, 축소되거나 어쩌면 일부 왜곡된 사실만으로 사건을 재구성해야 하는 처지에 놓이게 되는 것이다. 예를 들어 범죄의 직접적인 동기, 수단, 방식 등 사건 전·중·후에 이르는 입체적인 재구성이 불가능하게 된다. 이러한 설득이 효과적으로 작용되려면 사전 준비와 정확한 판단이 필요하다.

우선 1단계 사실조사를 거쳐 필요한 자료를 수집하고, 2단계 면담 단계에서 대상자를 통해 진술의 모순을 발견하고, 그 모순이 극대화되도록 누적시키고 확보된 증거가 제시될 경우 예상가능한 언어적인 대안들을 모두 소진하게 된다. 3단계 신문 단계에서는 그 모순을 최종적으로 지적하고, 증거를 제시한다. 자신의 모순이 극대화된 상태로 물적증거와 같은 객관적인 자료에 노출된 대상자는 이미 예상가능한 언어적 대안을 모두 소진한 상태이므로 '급히 만든 피난처'나 논리적으로 상반된 이야기들로 심리적 취약 단계에 놓일 것이다. 이러한 상황적인 기반위에서 '자백의 효과적인 설득'행위는 빛을 발할 수 있다.[13]

2) 합리화(Rationalization)

합리화의 핵심은 대상자의 관심을 '행위'에서 '동기'로 이동시키

---

13) Napier, M. R., Adams, S. H. (1998). Magic Words to Obtain Confessions. *FBI Law Enforcement Bulletin*, Oct, 11 – 15.

는 것을 의미한다. 대부분의 사람들은 자신의 실수에 대해 변명함으로써 그들의 행위에 대한 죄책감을 줄이거나 도덕적 부담감을 해소하려는 노력을 하게 된다. 수사관들이 1단계와 2단계를 거치면서 대상자의 범행과 범행 외 맥락정보들을 확보하는 것은 RPM을 훨씬 더 효과적으로 만든다. 예를 들어 위 사례에서 대상자에게 '가장으로서의 책임감이 실직상태의 지속'과 이로 인한 '경제적 빈곤상태' 및 '이혼 요구'에 대한 스트레스는 누구라도 힘든 시간들을 보내게 하는 것이라는 사실을 부각시키는 것이다. 이렇듯 대상자들의 인식이 '범죄행위 자체'에서 '범죄를 유발하게 된 동기'로 이동하는 순간 '합리화'는 대상자에게 자신의 행동을 스스로 설명하는 행위를 하도록 격려하게 되고 범행 부인의 결심이라는 내적상태에 일정한 영향을 미치게 될 것이다.

3) 투사(Profection)

투사는 어떤 행위에 대한 책임을 행위자의 내부가 아니라 외부로 돌리는 것을 의미한다. 범죄행위와 결과에 대한 책임을 다른 사람이나 어떤 무엇인가에 전가함으로써 대상자의 행위에 대한 도덕적인 무게를 가볍게 하려는 노력이다. 예를 들면 위 사례에서 '가족을 부양하려고 해도 일자리를 구할 수조차 없는 사회의 구조적 문제'나 '관계를 회복하려고 많은 노력을 했으나 경제적 곤란을 이유로 이혼 요구하면서 누적된 자극'에 초점을 두고 그 행위에 대한 원인이나 책임을 외부로 돌리는 것이다.

4) 최소화(Minimization)

최소화는 대상자에게 자신의 행위나 그 결과의 크기가 크지 않다는 것을 인식시키려는 노력이다. 범죄행위 자체나 행위의 결과로 인한 심각성에 비례하는 대상자의 불안감을 상쇄시켜줌으로써 심리적 지지를 제공한다. 위협적이고 자극적이지 않은 언어를 활용하고 축소 지향적인 대화를 하게 된다. 다만, 거짓말과는 구분해야 할 필요가 있다. 금방 사실확인될 내용의 대화주제에 대한 거짓 정보제공은 신뢰관계 구축에 장애요인이 된다. 위의 사례에서 계획된 살인이 아니라 '우발적인 사고'였다는 것을 대화의 주제로 그의 행위에 대한 심각성을 줄이는 것이다.

5) 자백의 이유를 제공하는 것에 대한 중요성과 효과적인 전달방식

자백하는 이유를 제공하고 이를 효과적으로 전달하는 것의 중요성은 신문과정에서 RPM만으로는 자백을 설득하는데 한계가 있기 때문이다. 대상자를 신문하는 과정에서 RPM을 사용했다면 '자백을 해야만 하는 이유'에 대한 설명을 해야 한다. 자백의 이유는 RPM과 조화롭게 구성되어야 하고 이것이 가능하려면 사실조사와 면담 단계를 거치면서 대상자와 관련된 동기와 배경정보와 같은 맥락적 정보를 조합하는 것이 가장 효과적으로 작동할 것이다. 예를 들면 마약사범에게는 '치료받을 수 있는 기회, 약을 끊고 제대로 살아볼 수 있는 계기'나 공금횡령 대상자에게는 '그동안 마음을 짓누르던 불안한 걱정을 한꺼번에 정리하는 계기', 학대(아동, 노인, 장애인 등)범죄의 대상자에게는 '이러한 행위를 끊어낼 수 있는 기회'와 같은 것들이라고 할 수 있다. 위의 사례에서 '당신이 그동안 가정을 유지하고 가족을 부양하기 위해 얼마나 힘들게 노력했는지 말할 수 있는 기회'와 같은 것을 의미한다.

전달하는 방식 역시 대상자에게 처벌에 관한 위협을 활용하거나 단호하고 강한 어조를 사용하는 방식으로 압박감을 상승시키는 것은 피할 필요가 있다. 부드러운 접근방식을 통해 대상자의 곤란한 사정을 이해하고 있으며 진심으로 걱정한다는 것을 정제된 언어적인 표현들과, 목소리의 톤, 말의 속도를 정련한 준언어적 신호와, 품위 있는 몸 동작과 차림새와 같은 비언어적 통로를 통해 대상자에게 전달되어야 한다. 자백은 대상자와의 교감을 하고, 이를 기반으로 그의 내면에 영향을 미칠 수 있게 될 때 얻어낼 수 있는 결과이다.[14]

(4) 4단계: 검증의 실행(Verification stage)

검증의 실행 단계에서는 신문 단계에서 효과적인 설득과정을 거쳐 대상자로부터 스스로 자신의 범죄연관성을 진술하는 '자백'을 획득 한 이후에는 엄격한 '검증'을 통해 자백내용의 진실성 여부 즉, 허위자백의 가능성을 검증[15]해야만 한다.

---

14) Napier, M. R., Adams, S. H. (1998). Magic Words to Obtain Confessions. *FBI Law Enforcement Bulletin, Oct*, 11 − 15.
15) 이 책의 집필 목적상 검증의 실행단계는 어떤 범죄를 저질렀다고 의심할 만한 사람의 진실성을 확보하는 것을 대상으로 하지 않는다. 검증

허위자백은 육체적인 억압이나 심리적인 취약상황에 놓여진 대상자들의 경우 외부적 자극에 의해 발생가능성이 있다. 또한 공범이나 자신에게 소중한 사람 또는 다른 어떤 상황 등 누군가나 무언가를 보호하기 위한 자발적인 허위자백가능성도 존재한다.

예를 들면, 더 큰 행위를 감추기 위해 대상자 자신의 제한적인 행위만을 자발적으로 드러내거나, 공범의 존재를 감출 목적이거나, 누군가에게 위해를 가할 목적으로 허위의 피해내용을 진술하는 등 다양한 허위의 진술들이 가능하다는 것이다.

이러한 허위자백은 수사과정 전반의 효율성과 신뢰성 측면에서 치명적인 장애를 초래하게 되고, 다음 몇 가지의 특징적인 우려를 가지고 있다.16)

첫째, 신뢰성 있는 행위로 추정될 수 있다. 오판의 주요 원인이 되는 대상자의 '자백'은 자신에게 불리한 내용을 진술하고 그 스스로 책임을 지게 되므로 신뢰성 있는 행위로 추정된다. 이러한 추정은 결국 수사활동과정에서 대상자에 대한 '터널비전'을 발생시키고 유죄에 부합되는 정황이나 증거에만 배타적으로 집중하게 되고 이것은 이어지는 재판절차에도 영향을 미치게 된다.

둘째, 확산효과의 발생이다. 대상자의 허위자백은 '이미 공범이

은 피해자, 목격자, 참고인 등 진술증거를 수집과정 전반에 걸쳐 검증될 필요가 있다.
16) 이기수 (2015). 허위자백의 징표와 수사절차상 활용 방안. 충남 아산: 치안정책연구소.

자백했으니 부인해도 소용없다'는 회유와 설득의 메커니즘을 갖게
되어 심리적으로 취약해진 무고한 공범자의 허위자백을 유도한다.

검증의 실행 단계에서 대상자의 자백내용에 대한 진실성 여부
는 이미 확보된 사실관계, 물적증거, 진술증거 등 검증된 물적, 인적
증거와 교차증명되어야 한다. 검증의 유일한 기준은 범죄행위를 직
접 경험한 대상자로부터 나온 자백내용이 '설명가능한 형태로 추가
적인 세부정보를 포함'하고 있어야 한다는 것이다. 그것은 그의 고유
한 주관적인 경험세계에 대한 탐색과정이기 때문이다.

현대의 용의자신문 전략이 '심리적인 조작'을 포함한다는 비판
적인 시각이 존재한다. 그리고 이러한 방식으로 신문할 경우 허위자
백이 유발될 수 있다는 것과 함께 이러한 허위자백의 위험성은 대상
자의 자백과 실제 발생한 사실 사이의 일치성 여부를 통해 '구별'할
수 있다고 주장되어졌다. 자백의 신빙성 평가는 '독립된 보강증거의
제시'로 집약할 수 있을 것이다. 독립된 보강증거란 해당 범죄행위에
대해서 진범과 수사관만 알 수 있는 공개되지 않은 정보를 자백이라
는 과정을 통해 제공되어져야 한다는 것이다.[17]

결국 효과적인 '검증의 실행'을 위해서 사건수사 착수 단계에부

---

17) Leo, R. A., Ofshe, R. J. (1997). The decision to confess falsely:
Rational choice and irrational action. *Denver University Law Review*,
74, 979-1122.

터 진행과정에 이르는 전과정에서 다양한 경로를 통해 언론이나 관련사들에게 해당 성보의 노출을 방지해야 한다는 것을 의미한다. 노출된 정보를 재조합해 마치 자신이 제공하는 진실한 정보인 것처럼 허위진술하는 경우 검증에 상당한 장애가 초래될 것이다. 예를 들면 자백 전까지 발견되지 않은 증거를 현출되도록 하는 등 준비, 실행과정에서의 독특한 수단과 도구, 내밀한 정보를 제시하는 것을 의미한다.

만약 검증의 실행 단계에서 대상자의 진술내용이 기존 확보된 물적, 인적증거들과 부합되고, 독립된 증거의 보강으로 현출된다면 가장 이상적인 검증으로서 그의 진술내용의 신빙성은 높게 부여되어야 마땅 할 것이다. 그러나 그 반대의 경우라면 대상자로부터 확보한 진술내용의 수준은 초기 단계의 정보수집 정도의 가치로만 평가될 필요가 있다. 이러한 검증 불가능한 자백에 의존해 수사활동이 전개된다면 '확증의 편향'에 더해 심각한 오류가 발생할 것이다.

3. 요약

우리는 지금까지 효과적인 수사면담과 용의자신문을 실행하기 위한 계단 모델(Stairway Model)에 대해서 알아 보았다. 이러한 모델을 숙지하고 적용하는 것은 대상사건이 어떤 형태이든지 사건의 '진실 규명'을 위한 구조적이고 체계적인 설계도면을 가지고 사건을 심도있게 들여다 보는 것이라고 할 수 있다.

어떤 사건을 처리하면서 가장 초기단계에 우리는 사실확인을 충분히 해야 한다. 때로는 현장에서 다양한 관련자들을 상대로 간단한 문답 형태로 정보를 수집하거나, 물적증거들을 수집한다. 그 과정에서 오염된 자료의 여부를 검토하고 오염가능성이 없거나 가장 적은 자료들을 수집하고 그 과정에서 용의자의 유죄추정이나 무죄추정과 같은 선입견을 배제하고 '가치중립적' 시야로 사건을 바라보는 것은 편향의 오류로부터 벗어나게 해 줄 것이다.

전략적 면담을 실행하기 위해 면담계획을 수립하면서 우리가 알고 있는 사실과 들은 사실을 구분하고, 이를 기반으로 합리적으로 추론가능한 사실들을 설정하고 무엇을 해야 할지를 검토한 후 면담을 실행하고 면담이 종료된 시점에 계획서상 내용과 획득된 내용에 대한 평가를 하게 된다. 이를 기반으로 향후 무엇을 해야 할지 추가적인 계획수립이 가능해진다.

면담 단계는 전략적 면담의 실행단계로서 면담의 순서를 정해서 유죄의 가능성이 가장 적은 자들로부터 시작해 그들의 자발적인 정보제공을 통해 미처 수집되지 못한 자료들까지 축적할 수 있게 된다. 이러한 과정을 거쳐 유죄의 가능성이 가장 큰 대상자를 면담하면서 그때까지 축적된 자료들을 활용하게 된다. 자료들의 활용이란 이러한 과정을 통해 검증된 물적·인적증거와는 다른 모순점을 발견하게 되고 발견된 모순은 누적과정을 거쳐 가장 극대화된 지점에 확보된 증거를 제시하게 된다. 증거의 전략적 이용과정에서 이미 확보된 증거를 제시할 경우 대상자의 예상가능한 언어적 대안들을 모두 소진시키게 된다. 결국 거짓말하는 대상자는 모순의 극대화 지점에서 제시된 증거자료들에 대한 납득가능한 대안들을 추가적으로 찾아내지 못하게 된다.

이러한 논리적인 유죄의 확신이라는 조건이 갖추어 졌다면 다음 신문 단계로 이동해 효과적인 설득과정과 자백의 이유를 제공해 그로부터 자백을 획득함으로써 직소퍼즐의 마지막 한조각을 맞춰 넣을 수 있다. 대상자의 자백은 다음의 검증 단계에서 엄격하게 검증되어야 만 한다. 대상자의 자백내용이 해당 사건에 대해 독립된 보강증거를 제시할 수 있는지 여부가 확인되어야 한다. 만약 그렇지 못하다면 다양한 이유로 등장하게 되는 '허위자백'의 가능성을 배제할 수 없다. 또한 대상자의 진술이 독립된 보강증거의 가치를 지닌 것이라 하더라도 언론, 지인 등을 통해 공개된 사실들은 아닌지 여부에 대한 확인이 필요하다. 이러한 엄격한 과정을 거쳐 해당 사건에 대한 '실체적 진실의 발견'이라는 목적을 달성할 수 있게 된다. 지금까지 살펴본 효과적인 수사면담과 용의자 신문의 「계단 모델(Stairway Model)」은 다음과 같다.

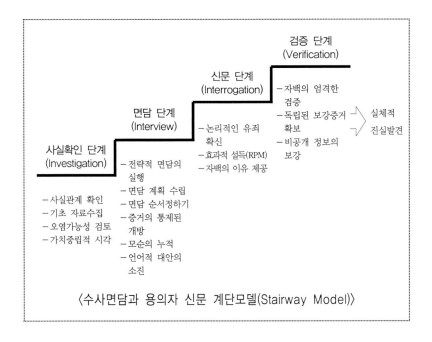

〈수사면담과 용의자 신문 계단모델(Stairway Model)〉

PART

3

수사면담과 용의자 신문을
효과적으로 하기 위한 전제조건

PART 3

수사면담과 용의자 신문을
효과적으로 하기 위한 전제조건

1. 라포형성의 기술

　범죄행위에 대한 실체적 진실발견은 육체적·정신적 불안정 상
태를 유발하는 '강화된 면담과 신문방법'으로는 불가능하다. 이러한
방법은 법률적으로도 허용되지 않을 뿐만 아니라 허용된다 하더라도
그 결과물은 매우 제한적이고 왜소해진 정보만 확인할 수 있게 된다.
성공적인 수사면담과 신문을 수행하기 위해 우리의 단기목표는 대상
자가 수사관과 대화하고 싶다고 느끼도록 만들거나 최소한 대화하는
데 장애가 되는 것들을 제거하는 것으로 설정할 필요가 있다. 실패한
면담과 신문의 공통점은 초기단계에서 대상자를 채근해 더 빨리 더
많은 정보를 얻어내는 것에 목표점을 둔다. 대상자의 마음의 문을 열
지 않고 그의 내부로 들어가 그의 주관적인 경험세계를 탐색하는 것

과 같은 마법은 수사영역에서 일어나지 않는다. 그러므로 본격적인 범죄행위에 대한 탐색 전 대상자와 라포를 형성하는 것은 매우 중요하다.

라포형성은 장시간 대상자와의 신뢰를 쌓아 나가고 그 과정에서 이야기를 충분히 들어주고 신뢰를 쌓아가야 온전한 라포형성이 가능하게 될 것이다. 그러나 수사면담 단계는 시간적인 제약이 있어 비교적 짧은 시간에 대상자의 마음을 열거나 최소한 협력적인 관계의 발판이라도 확보해야만 한다. 우선 비도전적이고 비자극적인 주제로부터 대상자의 말문을 열어야 하고 일반적인 주제로 시작해서 특정 주제로 좁혀가는 방법으로 그의 이야기를 그의 언어로 충분히 이야기할 수 있도록 안내되어야 한다. 또한, 필요하다면 첫 대면에서 대상자의 부정적인 반응과 긍정적인 반응에 대한 경우의 수를 놓고 이에 대비한 언어적 대응책을 준비하는 것도 필요하다. 대상자는 안정화될 시간이 필요한 것이다. 이 책에서 제시하는 라포형성을 촉진하는 기술들을 기반으로 독자 여러분들의 개인적인 경험에 기반한 노하우들을 적용하면서 매 순간 유연성과 창의성을 가미한다면 좋은 결과를 만들어낼수 있을 것이다.

(1) 유사성에 기반한 긍정적 관계 형성

리드 테크닉[1])에서는 라포형성에 대해 유사성에 기반한 관계 형

---

1) 리드 테크닉은 1940~50년 사이 미국에서 개발되었다. 1962년 서적으

성이라고 비교적 명쾌한 설명을 하고 있다. 관계를 정립하기 위해 비위협적이고 자연스러우며 겸손하게 면담을 시작해야 하며 사무적인 정보가 아니라 대상자의 배경정보들(신상정보)을 활용해야 한다. 배경정보란 그의 관심사, 취미, 차량, 직장 등 대화에 공통적인 주제로 상정해 대화의 물꼬를 틀 수 있는 재료를 의미한다. 본격적인 면담에 들어가기 전 이러한 관계형성을 위한 비자극적이고 비위협적인 대화로 부드러운 출발을 하는 이유는 그 과정에서 대상자의 내적 기저선에 접근할 수 있기 때문이다.

기저선이란 대상자가 자극적이고 위협적이지 않은 일상대화를 하면서 보이는 언어적, 비언어적, 준언어적 행동의 패턴을 의미하고 부드러운 출발을 통해 이를 확보할 수 있다. 다시 말해 이러한 기저선은 일정한 시간이 지난 이후 특정한 상황에 대한 대상자의 반응과 변화를 관찰하고 분석할 수 있도록 해 준다. 비록 이 과정에서 얻어지는 행동 패턴은 본격적인 면담에서 거짓을 의미하지는 않지만 그 가능성을 열어두고 수사활동을 할 수 있도록 우리를 일깨울 것이다. 또한 이 과정에서 대상자와 질문하고 그 질문에 답변을 이어가면서 반복하는 순서와 방식을 학습시키는 것에 중요한 의미가 있다.[2] 그

로 출판된 이후 5회의 개정을 거쳐 현재 미국을 비롯해 전 세계 법집행 기관 수사관들에게 보급되고 있는 신문기법이다. 리드 테크닉이란 행동분석 인터뷰를 통해 거짓의 징후를 포착하고 유죄를 논리적으로 확신할 경우 9단계의 신문을 거쳐 자백을 확보하게 된다.

2) Inbau, F. E., Reid, J. E., Buckley, J. p., Jayne, B. C. (2005). *Criminal Interrogation and Confessions: Essentials of The Reid Technique*. America: Jones & Bartlett Learning, 50−51.; FBI 테러 혐

러므로 대상자와 긍정적 관계를 형성하기 위한 보다 실천적 방식은 대화의 구조를 파악하고 그와의 언어적 표현방법과 표현의 구조, 동기구조에 대한 동조화를 통해 촉진될 수 있다.

(2) 언어적 표현방법의 동조화

NLP[3]는 사람들이 주변인들과 동일한 감정을 느낄 수 있을 때 편안한 마음을 가지게 되고 덜 경계적인 성향을 보이게 된다는 사실을 파악하였다. '표현방법의 동조화'라고 불리는 라포 촉진기술이 상대방의 마음을 열도록 그의 내부 경계를 좀더 느슨하게 할 뿐만 아니라 의사소통에 있어서 더 많은 대화를 격려한다는 것이다. 예를 들면 자신과 이야기 하는 방식이 같은 사람들에게 더 많은 이야기를 한다는 것이 그 대표적인 예라고 할 수 있다. 효율적인 의사소통 전문가들에 의해 활용되는 방법으로서 그들은 대상자와 이야기 도중 얼굴 표정, 목소리의 톤, 말의 속도, 다리꼬기, 몸기울이기, 호흡 등 언어적·비언어적·준언어적 채널들을 상대방에게 일치시키려는 노력을 하게 되고 성공적인 라포형성을 이루게 된다. 수사면담 초기단계에서도 대상자에 대한 수사관의 동조화 노력은 라포형성을 촉진하

___

의자 신문·면담기법 세미나 자료(2016); John E. Ried Associates의 Reid Technique 고급과정 연수 중 전문강사(Senior Instructor)의 강의 내용을 재정리.

3) NLP는 Neuro Linguistic Programming의 약어로서 1970년대 미국 리처드 밴들러와 존 그린더에 의해 개발되었다. 이들은 당대의 권위있는 심리치료자들의 치료기법을 분석해 '사고와 행동에 효과적인 영향을 미치는 방법'을 정립해 NLP를 개발했다.

게 될 것이다. 미러링이라고 표현되기도 하는 동조화의 구체적인 적용 방식은 대상자의 언어적 구조인 VAK[4])를 분석하는 것이다.

　사람의 언어적 성향은 시각적인 묘사, 청각적인 묘사, 촉각적인 묘사와 같은 사람마다 선호하는 방식이 다르므로 이러한 방식을 파악해 동조화시키는 것은 라포형성을 더욱 촉진하게 된다. 예를 들면 동일한 장면에 대한 언어적 표현이 시각적 언어구조를 가지고 있는 사람은 '그 상황에서 ○○은 괴물처럼 보였다'고 시각 위주의 표현을 할 것이고, 청각적 언어구조를 가지고 있는 사람은 '그 상황에서 ○○의 소리는 마치 괴물소리처럼 들렸다'고 청각위주의 표현을 할 것이고, 촉각적 언어구조를 가지고 있는 사람은 "○○은 괴물처럼 느껴졌다'고 촉각위주의 형태로 자신이 선호하는 의사표현 구조를 활용해 말하게 된다. 그러므로 대상자의 언어표현 구조를 분석해 그가 선호하는 표현방식에 동조화시키는 것은 라포를 촉진하게 된다. 이렇듯 사람들이 자신의 언어적 성향은 독특한 개별성을 가지고 있으므로 이와 관련된 특성을 잘 이해하고 동조화시키려는 노력은 대상자들의 내적상태를 비경쟁적 위치로 이동시키게 될 것이다. NLP에서는 사람들이 의사소통과정에서 사용하는 개별적이고 독특한 언어적 성향을 다음과 같이 분류했다.

---

4) VAK는 의사소통의 선호방식의 약어로서 시각적(V), 청각적(A), 촉각적(K)이란 의미이다.

표현 감각	특징
시각	머릿속의 이미지화된 기억자료를 묘사하므로 빠른 템포로 말한다. 그래프, 그림, 표 등 시각적 표현을 자주한다. ~처럼 보인다, ~으로 보였다 등의 표현을 자주한다.
청각	말하는 속도는 보통이고 논리적이다. 소리에 민감해서 잡음이 있으면 집중을 못한다. ~처럼 들린다. ~으로 들렸다 등의 표현을 자주한다.
촉각	느끼면서 이야기 하기 때문에 말하는 속도가 늦다 신체적 접촉을 좋아한다. ~처럼 느껴진다. ~으로 느껴졌다 등의 표현을 자주한다.

〈언어적 성향 분류표5)〉

(3) 언어적 표현구조와 동기구조의 동조화

대상자와 원활한 의사소통을 위해서는 '라포형성'이 선행될 필요가 있다. 대상자와의 의사소통과정에서 그들의 언어적 표현구조와 동기구조를 분석하고 그 강도(세기)에 따라 대화를 조절하는 것은 부드러운 출발을 위한 라포형성에 필수적이라고 할 수 있다. 이러한 과정이 선행되지 않는다 하더라도 수사면담의 질문과 답변이라는 형식적 측면에서는 특별한 장애가 없을 것이다. 그러나 대상자와 언어적 표현구조에 대한 동기화의 부재는 실질적 측면에서 면담내용이 위축될 뿐만 아니라 면담이 수행되는 전체과정의 어딘가에서 의사소통의

---

5) 시바 겐타. 오케다니 가즈코. 이야마 마키코. (2013). NLP 입문(황혜숙 역). 서울: 시그마북스. (원저 2011년 출판). 54-55.

통로를 경색시키는 주요한 요인이 될 수도 있다.

의사소통에서 표현구조는 수직축에 해당하는 세 가지 형태로서 '회피적, 경쟁적, 협력적'으로 구분되어 대화의 지향점을 드러낸다. 회피적 지향점을 가진 대상자는 수사관과의 대화를 거부하거나 책임을 인정하지 않거나 대화의 주제를 바꾸려 시도할 것이다. 경쟁적 지향점을 가진 대상자는 수사관에게 시비를 걸거나 자기자신에 대한 자랑을 하고 도전적이며 말을 함부로 끊는 표현들을 할 것이다. 협조적 지향점을 가진 대상자는 수사관과의 원활한 상호관계를 맺는 대화를 할 것이며 양보를 하는 등 좀더 수준높은 의사소통 방식을 보일 것이다.

의사소통에서 동기는 수평축에 해당하는 세 가지 형태로서 개인적, 사실적, 관계적 동기의 구조로 이루어진다. 개인적 동기구조를 가진 대상자는 자기자신과 관련된 대화와 자신의 자긍심, 명예, 체면과 관련성 있는 주제가 대화를 지배한다. 사실적 동기구조를 가진 대상자는 발생 사실에 기반을 두고 문제를 해결하려는 목표지향적인 주제가 대화를 지배한다. 관계적 동기구조를 가진 대상자는 수사관과의 상호관계와 관련된 주제가 대화를 지배한다. 이러한 각각의 표현구조와 동기구조는 대상자가 표현하는 '강렬함'의 강도에 따라 더욱 세분화된다.[6]

---

6) FBI 테러 혐의자 신문 · 면담기법 세미나 자료(2016).

　예를 들면, 기업내부 감사과정에서 업무상횡령 혐의점이 발견된 대상자를 면담하는 과정을 상상해 보자. 면담장소에 출석한 대상자가 기초사실 확인과정에 대한 불만을 표출하면서 "결론을 다 짜놓고 뭐하러 나를 오라고 한겁니까, 맘대로 하세요"라는 식의 대응은 대화의 구조상 '경쟁적인 사고'의 구조와 '개인적인 동기'의 구조를 가진 것의 전형적인 반응이다. 이러한 대상자를 상대로 진행하는 면담의 경우 대상자의 표현구조와 동기구조의 강도를 완화시키는 과정없이는 그의 말대로 '마음대로 해라'일 수밖에 없다. 우선 수사관 역시 그의 사고와 동기구조의 영역에 머물면서 '표현의 강도'를 완화시키는 비자극적이고 비대립적인 대화를 진행해야 한다. 충분히 그의 대화의 구조에 머물면서 대화를 이어나간다면 차츰 대상자의 표현적 강도는 줄어들것이고 이러한 강도가 충분히 줄어든 이후에만 협력적이고 관계적인 의사소통 영역으로 전환가능하게 된다.

Q & A	
Q	대상자가 진술을 거부하면 어떻게 하나요?
A	만약 대상자가 특별한 이유 없이 '진술을 거부'하는 것 자체에 의미를 두어 진술하지 않는다면 그들과 대화할 수 있는 방법은 없습니다. 그러나 '진술 거부'하는 대부분의 대상자들은 모두 그들 나름의 이유를 가지고 있습니다. 예를 들면 진술을 하더라도 자신의 억울한 항변 내용이 받아들여지지 않을 것 같다거나, 진술을 하는 것이 자신에게 불리하게 작용될 것 등이라고 할 수 있습니다. 그럼에도 불구하고 우리가 잊지 말아야 할 것은 진실을 이야기 하는

사람들은 자신의 무고함을 증명하기 위해 적극적으로 항변하는 것을 포함해 여러 측면에서 노력할 것이고, 거짓말하는 사들 역시 자신의 거짓말을 수사관이 믿도록 노력하는 심리적 작용이 있다는 것입니다. 만약 진실한 대상자의 항변내용이나, 진실하지 않은 대상자 자신의 거짓말을 수사관이 믿도록 설득하려는 노력에 있어서 범인취급을 받는다는 느낌이 들거나, 이러한 노력으로는 설득되지 않을 것이라는 확신이 드는 순간 대상자는 진술거부로 저항할 것입니다.

수사면담과 신문의 기법은 대상자가 참이든 거짓이든 자신의 언어로 전달해야 하므로 그러한 환경을 조성하는 것부터가 수사면담과 신문의 기술이라는 것을 잊지 않아야 합니다.

대상자와 충분한 '라포형성'을 통해 부드러운 출발을 확보하는 것이 필요합니다. 그리고 대상자들에게 진술을 거부하는 것보다는 면담에 적극적으로 응하는 것이 자신을 위한 것임이 설득되어져야 할 필요가 있습니다.

이러한 설득을 통해 억울한 대상자는 훨씬 더 자신의 무고함을 주장할 것이고, 허위진술하는 진범은 의심받지 않기 위해 더 적극적으로 진술을 하게 될 것입니다.

2. 듣기의 기술

사건을 해결하기 위한 수사현장에서 우리는 대상자와의 대화 및 질문에 있어 항상 신속한 범죄사실을 파악하고, 신속하게 문제를 해결하는 것을 목표로 하거나, 수사관 중심적인 질문을 사용해 왔다. 그러나 이러한 전통적인 대화 및 질문형태는 대상자와의 사이에 필요한 신뢰관계(라포) 형성을 방해하고 불필요한 감정적 대립이나 정서적 장벽을 조성함으로써 그들로 하여금 방어적인 자세를 갖추도록 준비시키게 되어 원활한 면담과 신문의 가능성을 닫아 버린다.

수사면담과 용의자 신문을 효과적으로 하기 위해서는 '좋은 듣기'를 활용하는 청자가 되어야 한다. 수사면담이나 용의자 신문은 대상자와의 질문과 답변을 통해 사건 관련한 진술증거를 확보해야만 한다. 이러한 과정에서 효과적인 진술증거를 확보하기 위해서는 대상자들이 말을 할 수 있도록 격려할 수 있는 '듣기의 기술'이 매우 중요하다고 할 것이다.

이러한 듣기의 기술의 실천적 측면은 상담분야를 비롯해 의사소통과 관련된 영역에서 다양한 기술들을 정리해 '듣기'의 방법을 제시하고 있다. 또한 미국 HIG(고가치 테러혐의 수용자 신문그룹)에서도 테러 용의자 신문시 용의자로부터 '범죄행위와 연관성 있는 행위와 관련된 진술을 촉진'하기 위해 잘 듣는 것이 매우 중요함을 강조하고 있다. 활용되어지는 영역에 따라 다소 차이는 있으나 공통적으로 강조되는 세부기술이 있다. 그 세부적인 기술로는 대상자의 말에 맞장구나 호응을 하면서 '대화하는 행위 자체'에 대해서 격려하면서 대상자의 말을 집중해서 듣고 그 이야기의 주제를 따라가거나, 진술의 끝부분을 반복함으로 해서 '잘 듣고 있음'을 주기적으로 증명하거나, 주기적으로 이러한 대화를 요약해서 반복하거나 진술 중 감정의 변화를 보일 경우 그 감정을 그대로 이야기 해주는 것과, 필요시 침묵을 유지하는 것도 대화를 촉진하는 데 효과적으로 작용하게 된다. 그리고 무엇보다도 듣기는 수동적인 행위가 아니라 목적있는 능동적 행위라는 것을 잊지 말아야 한다.

(1) '좋은 듣기'는 목적이 있는 행위다

수사면담과 용의자 신문과정에서 수사관들의 좋은 듣기는 단순히 대상자가 하는 말을 듣는 것만이 목적은 아니다. 그것은 진실을 발견하기 위해 필요한 정보를 수집하는 데 있어서 어떤 경찰활동보다 더 역동적이며, 더 활발한 활동성을 갖게 되는 것으로서 다음의 세 가지를 충족시키는 데 목적이 있다.

첫 번째로 대상자에게 말을 하도록 격려하는데 있다. 진실한 대상자는 자신의 이야기를 있는 그대로 이야기할 것이다. 거짓말하는 대상자 역시 자신의 행동을 숨기거나 정당성을 주장하기 위해 명분이나 이유 등을 가능한 모든 방법을 동원해 알리려고 할 것이다. 그렇게 행동함으로써 거짓을 납득시키기 위한 목적달성을 추구하려 할 것이다. 면담과 신문은 대상자로부터 그의 이야기를 통해 객관적 진실과의 모순을 발견하게 되고 그러한 모순의 누적을 극대화시키는 전략이 필요함을 앞서 밝혔다. 그것이 가능하려면 대상자가 말을 하도록 격려해야 하는 것은 당연하다고 할 것이다.

두 번째로 수사목적 달성에 필요한 정보를 수집하는 것에 있다.

좋은 듣기를 통해 대상자로 하여금 말을 하도록 격려하면서 그의 말을 통해 당해 사건과 관련된 필요정보를 수집하게 된다.

셋째는, 라포(Rapport) 형성하고 유지하는 것에 있다. 수사면담과 용의자 신문과정에서 좋은 듣기는 대상자와 라포를 형성함으로써 진술확보를 위한 긍정적인 관계를 진전시켜 수사면담과 용의자 신문의 목적달성이 가능하도록 기능하게 되는 것이다.

(2) '좋은 듣기'의 세부기술

수사면담과 용의자 신문을 위한 좋은 듣기의 기술은 대상자로 하여금 경계심을 무너뜨리고 방어적이지 않도록 하면서 자신의 주관적인 경험을 이야기 하는 것에 영향을 미치는 기반을 확보해 주게 된다. 이러한 기술들은 다음과 같다.

1) 감정상태 정의하기(Emotion Labeling)

감정상태 정의하기는 면담 초기나 진행중에 격렬한 거부반응을 보이면서 저항할 경우 더욱 집중적으로 활용되어져야 한다. 대화 도중에 대상자의 감정과 관련된 반응들이 표출될 경우 그 감정이 사라지기 전에 언어적인 표현을 통해 대상자에게 되먹임 하는 것을 말한다. 사람들은 일반적으로 자신의 감정을 상대방이 알아주기를 원하고 자신의 내적 감정상태를 이해하는 사람과의 대화에는 덜 방어적이 될 것이다. 그러므로 여러 가지 복잡한 감정상태를 갖고 있는 대상자의 감정을 정의하는데 있어서 표면적인 감정은 물론이고 그 이면에 잠재된 핵심적인 감정을 찾아 정의해주는 것이 중요하다. 대상자의 감정상태를 분석하고 파악하여 정확하게 정의해주는 것은 수사관이 대상자의 이야기를 집중해서 듣고 있으며, 그 이야기를 잘 이해하고 그의 감정세계에 한발 들여놓았음을 보여주고 친밀감을 향상시켜 줄 것이다. 감정상태 정의하기의 1단계는 관찰되는 감정을 읽어주는 것으로서 "화가 많이 난 것처럼 보입니다." 또는 "억울한 점이 있는 것처럼 보입니다"와 같은 것이다. 2단계는 눈에 보이고 귀에 들리는 것을 먼저 이야기 하고 감정을 덧붙이는 것으로서 "이렇게 높은 목소리로 이야기 하는 걸 보니 많이 억울한 일이 있었던 것처럼 보입니다." 또는 "표정을 보니 이번 일로 화가난 것처럼 보입니다."와 같은 것이다. 감정상태 정의하기는 대상자와의 수사목적달성을 위한 기능적 면담을 부드럽게 출발할 수 있도록 해 줄 것이다.

다음 예시를 보고 대상자의 답변과 관련된 감정상태를 정의해 보자(빈칸을 채워보시오).

[Exemple]	
대상자	(고함을 지르면서) 도대체 내가 왜 여기 불려와서 조사를 받아야 되는 겁니까? 나는 회사를 위해서 열심히 일했을 뿐이고, 공금을 횡령하거나 부정한 돈을 받은적이 없다는 말입니다. 그런데 내가 왜 이런 취급을 받아야 하는 겁니까?
조사관	<실습 1> <실습 2>

2) 끝말 따라하기(Mirroring)

끝말 따라하기는 대상자와의 대화에 있어 말끝의 몇 단어, 문장의 핵심을 이루는 몇 구절만을 간략하게 반복해서 상대에게 되돌려 주는 것이다. 대상자의 말을 짧게 반복함으로써 수사관이 대상자의 말을 잘 듣고 있다는 신호를 보낸다. 그로 인해 앞으로도 대화가 계속 이어지도록 유지할 수 있게 되고 대상자로 하여금 대화를 계속하도록 격려하면서 사건과 관련된 가치 있는 정보를 제공하게 될 것이다. 그러나 대화내용 중에 부정적인 언어들은 따라 할 경우 더욱 강화될 가능성이 있으므로 긍정적이거나 중립적인 언어들을 사용해서 따라 하도록 해야 한다. 예를 들면, 대상자가 "내가 김상무를 만난 것은 개인적인 친분이 있어서 일뿐입니다. 그래서 우리가 찻집에서 만났던 겁니다"라고 했을 경우 "친분이 있어서 였군요" 또는 "찻집에서 만났군요"라고 따라해 주는 것을 의미한다. 대상자 진술의 끝말을 적절하게 따라했다면 대상자는 이어지는 이야기를 좀더 풍부하게 구성하도록 촉진될 것이다.

다음 예시를 보고 대상자의 답변과 관련된 적당한 끝말 따라하기를 해보자(빈칸을 채워보시오).

[Exemple]	
대상자	그러니까 나는 그날 서연개발 대표이사와 식사를 하기는 했지만 그 자리에서 우리 회사에서 발주한 ○○프로젝트와 관련된 정보를 제공하거나 그 대가로 돈을 받은 사실이 없단 말입니다.
조사관	<실습 1>

<실습 2> |

3) 요약하기(Summary)

요약하기는 대상자가 주장하는 그의 이야기에서 주요 논점을 주기적으로 짚어주고 당시까지 진행된 이야기의 흐름과 방향에 대해서 중간 정리하는 것이다. 일정한 시간 동안 진술한 내용을 대상자에게 요약해서 들려주는 것은 대상자로 하여금 해당 사건에 대한 진술이 어느 정도 진행되었는지를 알 수 있도록 해주게 된다. 이로써 향후 이어져야 할 대화에 대한 주제와 필요한 내용을 자연스럽게 연결시키게 되는 역할을 하게 되는 것이다. 요약은 처음 시작부분에 "그러니까 지금까지 ○○ 씨가 말하는 것은 ~"이라는 문구로부터 시작해서 진술내용을 요약해준다. 그리고 끝부분에 "제가 제대로 이해하고 있는게 맞나요?"라는 말로 질문으로 끝내는 것이 좋다. 요약이 적절하게 되었을 경우 대화에 집중하고 있음을 증명한 것이므로 더 많은 진술을 촉진하게 될 것이고, 잘못 요약했을 경우 수정할 수 있는 기회를 얻을 수 있게 된다.

다음 예시와 같이 일정한 시간 동안 대상자로부터 확보한 진술을 활용해서 적절한 요약을 해 보도록 하자(빈칸을 채워보시오).

[Exemple]	
대상자	-나는 회사의 전도금을 횡령한 사실이 없다. -보관중인 전도금으로 상품권을 구매하기는 했다. 그러나 그 전도금으로 구매한 상품권은 기존 거래처에 명절 선물로 제공하려고 구매한 것이다. -상품권을 구매하면서 영수증처리를 못한 것은 업무처리가 익숙하지 못해서 그런것일 뿐 내가 횡령한 것이 아니다. -나는 정말 억울하다.
조사관	<실습 1>

[Exemple]	
대상자	- 나는 B회사에 대한 자재 납품계약을 연장하는데 관여한 사실이 없다. - B회사의 대표이사와는 개인적인 친분이 있어서 가끔 연락하는 사이이고 여행을 같이 다니기도 한다. - 다만, 내가 타고 다니는 차량의 리스 비용을 B회사가 지급하는 것은 내가 개인적인 친분이 있어 잠시 대납해주는 것이고, 그 비용은 모두 내가 갚을 예정이다. - 개인적으로 아는 사람으로부터 돈을 빌리는 것이 나쁜 짓은 아니라고 생각한다. 나는 정말 억울하다.
조사관	<실습 2>

4) 효과적인 침묵(Effective Pauses)

효과적인 침묵은 대상자가 매우 흥분상태에 있을 때 이를 해소시키는 기능을 할 수 있다. 감정적 고조상태에서는 수사관이 오히려 침묵을 유지함으로써 '흥분한 상태로는 대화하기 어렵다'는 사실의 전달과 함께 면담은 일방적인 감정의 표출행위가 아니라 말을 '주고받는 의사소통'의 형태로 진행되어야 한다는 것을 알려주어야 한다. 또한, 뭔가 중요한 사항을 말하거나 말하기 직전, 직후에 사용하여 수사관이 말한 내용에 무게를 더 할 수 있다.

[Exemple]	
대상자	(대상자의 진술하는 과정에서 지나치게 흥분하거나 부정적인 모습을 보일 때)
조사관	•••(침묵)

5) 최소한의 격려(Minimal Encouragement)

최소한의 격려는 대상자가 말하는 동안 그의 말에 관심을 갖고 주의를 기울여서 듣고 있다는 사실을 끊임없이 보여주는 행위이다. 수사관은 이러한 관심의 표현을 몸짓이나 짧은 대답을 통해 전달할 수 있다. 그 표현은 굳이 길게 할 필요가 없다. 가끔씩 시기적절하게 짧은 말이나 소리로 응답한다. 그러나 과도하게 사용하여 대화를 산만하게 하는 것보다 대화중 조금씩 다른 듣기기법과 함께 사용하면 대상자가 더욱 풍성한 진술을 하도록 격려될 것이다.

[Exemple]	
대상자	(대상자가 이야기를 하고 있을 때)
조사관	그렇군요~/ 네~/ 음~/ 아~/ 저런~~ 등

3. 질문의 기술

수사목적 달성을 위한 면담과 신문은 묻고 답하는 과정의 반복
으로서 핵심은 '질문기술'이라고 할 수 없다. 그러므로 실체적 진실을
발견하기 위한 사건과 관련된 정보를 얻기 위해서 수사관에게 가장
기본이 되어야 할 것 중에 하나는 '정교하게 정련된 질문의 기술'이
라고 할 수 있다. 질문은 앞서 살펴본 '좋은 듣기'와 함께 조합되어
있을 때 그 효과성을 극대화 할 수 있다. 그의 이야기를 하도록 질문
하고 난 후에는 그의 이야기를 충분히 하도록 격려하면서 들어야 다
음 이야기가 펼쳐질 것이기 때문이다. 이러한 좋은 듣기와 질문의 조
합은 대상자로부터 많은 정보를 획득할 수 있는 효율적인 질문을 하
도록 한다. 또한, 면담이나 신문은 기계적인 활동이 아니라 감정과
느낌을 가진 인간존재들을 다루며 정보를 수집하는 것이다. 그러므
로 만일 대상자의 감정이 면담과 신문에서 무시된다면 효과적인 정
보수집은 일어나지 않게 된다. 또한 면담이 단지 질문으로 이루어진
것이라고 생각하거나 수사목적을 달성하기 위해 진행되는 대화의 과
정이라는 것을 잊어버려서는 안되며 최대한 많은 사실조사를 통한
정보를 수집해서 면담에 대비한 후에 진행할 필요가 있다.[7]

수사관들은 대부분 더욱 많은 양의 진술정보를 획득하기 위한 방법으로 질문의 양을 늘리는 방법을 선택하고 싶어 한다. 그러나 대상자는 이러한 질문의 방식을 자신의 생존에 대한 하나의 도전적인 것으로 받아들이고 저항할 가능성이 높다. 그러므로 질문은 비도전적이고 비대립적이고 상호관계에 기반한 협력적 방식으로 구성해야 한다. 또한 면담진행 중 수사관이 말을 많이 한다면 대상자의 진술은 그만큼 줄어들 것이다. 범죄에 관한 결정적인 진술증거는 대상자가 하는 말가운데 있다는 것을 잊지 말고 수사관은 '면담을 통제하되 지배하려 해서는 안 된다.' 그것은 어떠한 방식으로 질문해야 하는지를 아는 것이라고 할 수 있다. 질문에 있어서 '어떻게'는 '무엇을' 만큼이나 중요한 의미가 있다.8)

수사면담과 용의자 신문에서의 질문기법은 도입질문, 탐색질문, 전략질문으로 나눌 수 있다. 그리고 이러한 질문기법들을 바탕으로 대상자를 면담하기 전 가능하다면 질문의 목록을 미리 준비함으로써 더욱 효과적인 질문을 하면서 미리 획득하고자 하는 관련 정보를 놓치지 않고 확보하는 것이 가능할 것이다. 그러나 미리 준비한 질문에만 천착한다면 대상자로부터 추가적인 맥락정보를 놓칠 가능성이 있다. 그러므로 면담의 가치를 보다 더 높이는 것은 그의 자발적인 정보의 제공이라는 것을 염두에 두고 대상자로 하여금 사건 관련된 이

---

7) Hess, J. (1989). The Myths of Interviewing. *FBI Law Enforcement Bulletin, July,* 14-16.
8) Ryals, R. J. (1991). Successful Interviewing. *FBI Law Enforcement Bulletin, Mar,* 6-7.

야기는 어떤 것이라도 할 수 있도록 격려될 필요가 있다.

(1) 도입질문

대상자와 라포형성으로 대립적인 분위기가 해소된 이후 면담과정에서의 도입질문의 궁극적인 목적은 사건과 관련된 진술증거 수집 관련 대화의 '부드러운 출발'에 있다. 도입질문은 사실조사 단계를 통해 수집된 객관적 사실을 기반으로 하게 된다. 예를 들면 기밀유출, 횡령, 보험사기, 가출조사 등 그것이 어떤 것이든 대상자와 연관된 객관적인 사실을 도입질문으로 활용한다. 쉽게 말해서 도입질문은 대상자로 하여금 어디서부터 어떻게 대화를 해야 하는지 그 지점을 알려주고 대화의 물꼬를 트이도록 하는 질문이라고 할 수 있다. 그것은 대상자를 자극하지 않고 도전적으로 만들지 않을 주제들로 시작할 필요가 있다. 면담 초기단계에서 실행되는 도입질문을 도전적이고 자극적으로 구성된 범죄와 관련된 직접적인 질문을 하게 된다면 대상자의 강력한 저항을 불러일으키게 되고 결국 의사소통의 과정을 거쳐야 하는 수사면담과 신문은 불가능하게 될 것이다.

얼마 전 국내에서 손꼽히는 대기업인 '○○그룹 감사실 감사관' 들을 상대로 수사면담과 용의자 신문기법 강의중 위 회사소속의 감사관이 이러한 경험을 발표했다. 얼마 전 자신이 맡은 불법하도급 특혜제공 관련 사건에 대해서 감사대상자에게 질문하자 말자 "결론을 다 짜놓고 무슨 조사를 하느냐?"라고 강력한 저항을 했고, 더 이상

추가적인 정보를 확보할 수 없어 해결에 어려움을 겪었었다는 사례
가 발표되었다. 이러한 반응은 면담 초기단계에서 자극적이고 도전
적인 주제로 질문을 시작하는 것에 대한 대표적인 부작용이라고 할
수 있다. 수사면담은 대상자로부터 그가 경험한 것을 이야기 하도록
격려되어져야 하고 그의 이야기를 시작하도록 하려면 도입질문은 당
시까지 알려진 이야기로부터 시작할 필요가 있다. 예를 들면 도입질
문으로 적당한 것은 다음과 같다.

[Exemple] 1	
사건 정보	(회사 내 ○○프로젝트 관련 산업비밀 유출 사건과 관련 용의자 상대로 면담 時)
조사관	우리 회사의 ○○프로젝트 관련 비밀이 외부로 유출된 사실을 알고 있나요?
[Exemple] 2	
사건 정보	(납품업체 선정 관련 부당한 금품을 수수한 용의자 상대로 면담 時)
조사관	○○자재의 납품업체 선정 관련 익명의 투서가 접수되었다는 사실을 알고 있나요?
[Exemple] 3	
사건 정보	(보험금 수령할 목적으로 자신의 회사에 고의적인 방화를 한 용의자 상대로 면담 時)
조사관	○○씨가 운영하는 회사에 화재가 발생한 사실을 알고 있나요?

　　도입질문은 위와 같이 대상자가 저항할 수 없도록 그를 자극하지 않으면서도 대답할 수밖에 없는 객관적인 사실을 기반으로 질문을 해야 한다. 이러한 초기 도입질문에 대한 대상자의 답변은 '예 혹은 아니오'와 같은 짧은 대답들로 되돌아 올 것이다. 이 단계에서는 대상자가 짧은 대답을 하든지 길고 상세한 대답을 하든지 상관없다. 질문을 하고 대답을 하기 시작했다는 지점에 의미가 있는 것이다. 이렇게 대상자로부터 도입질문에 대답을 하도록 했다면 곧 바로 '초기 개방형 질문'을 제공해야 한다. 객관적 사실에 연결된 개방형 질문은 대상자의 언어로 그가 경험한 주관적인 경험들을 쏟아놓게 할 것이다.

[Exemple]	
조사관 1	그 경위에 대해서 말씀해 주시겠어요?
조사관 2	그 사실을 알게 된 경위에 대해서 최대한 자세히 얘기해 주세요.

(2) 탐색질문

　　탐색질문은 도입질문을 통해서 대상자가 답변하도록 만들면서 초기 개방형 질문으로 사건과 관련된 개략적인 정보를 확보한 다음 실행하게 된다. 탐색질문의 방식은 개방형 질문과 폐쇄형 질문으로 구분할 수 있다. 개방형 질문은 대상자에게 선택지를 제공하지 않고 그의 이야기를 자유롭게 진술하도록 하는 질문유형이다. 개방형 질문은 다시 단서제시 개방형 질문, 구간제시 개방형 질문, 후속질문으로 세분화 된다.

단서제시 개방형 질문은 대상자의 초기개방형 질문에 대한 답
변으로 확보한 정보들 중 더 확장시켜야 할 내용에 대한 단서를 제
시하고 그 부분에 대한 추가적인 상세 답변을 요구하는 것이다. 구간
제시 개방형 질문은 특정한 시간적 공간, 장소적 공간, 상황적 공간
을 제시하고 그 공간에서 있었던 경험을 이야기 하도록 답변을 요구
하는 것이다. 후속질문은 위 두 가지의 질문을 통해서 확보한 정보들
에 더해서 그보다 더 많은 이야기와 생략된 이야기들을 하도록 요구
하는 질문방식이다. 이러한 탐색질문 중에는 대상자의 답변에 끼어
들어 도전하는 것을 하지 말아야 한다. 대상자의 답변을 통해 사건에
대한 정보를 충분히 획득한 이후 문제점에 관한 질문을 할 기회와
시간이 있다.

[Exemple] 1	
대상자	**<도입질문에 대한 답변>** 어제 아침에 출근 했더니 회사 내 저희 부서에서 진행중이던 ○○프로젝트와 관련한 기밀사항이 누군가에 의해 경쟁업체로 넘어간 사실로 감사실에서 내부감사중에 있다고 연락을 받아서 알게 되었습니다.
조사관	**<탐색질문 중 '단서제시 개방형 질문'>** 조금 전에 ○○씨 부서에서 회사의 중요한 기밀이 유출되었다고 했는데(단서제시), 거기에 대해서 좀더 상세히 진술해 주시겠어요?(개방형 질문)

	[Exemple] 2
대상자	**<도입질문에 대한 답변>** 얼마전 저희 회사에 ○○자재와 관련 납품업체를 선정했는데 당시 회사에서 제시한 조건을 충족하는 하나의 업체가 있었지만 그 업체는 납품실적이 좋지 않아 배제하고 새롭게 신청받아 다른 업체를 납품 회사로 선정한 일이 있는데 그와 관련 누군가 불만을 품고 허위의 사실을 기재해서 투서를 한 것으로 보입니다.
조사관	**<탐색질문 중 '단서제시 개방형 질문'을 사용하되, 확인해야 할 모든 단서를 개방형 질문과 같이 순서대로 나열하시오>**

[Exemple] 3	
대상자	**<도입질문에 대한 답변>** 몇일 전 집에서 쉬고 있는데 제가 운영하는 ○○상사의 옆건물 사장님이 전화해 저희 회사에 불이 났다고 알려줬습니다. 그래서 회사에 가보니 원인을 알 수 없는 불이 나서 회사에 보관하고 있 던 납품용 부품 10억원 가량이 모두 타버렸습니다.
조사관	<탐색질문 중 '단서제시 개방형 질문'을 사용하되, 확인해야 할 모든 단서를 개방형 질문과 같이 순서대로 나열하시오>

	[Exemple] 1
대상자	**<도입질문에 대한 답변>** 어제 아침에 출근했더니 회사 내 저희 부서에서 진행중이던 ○○ 프로젝트와 관련한 기밀사항이 누군가에 의해 경쟁업체로 넘어간 사실로 감사실에서 내부감사중에 있다고 연락을 받아서 알게 되었습니다.
조사관	**<탐색질문 중 '구간제시 개방형 질문'>** ① 어제 출근 이후 '감사중에 있다'는 사실을 연락받았을 당시까지 사이에(구간제시) 있었던 일에 대해서 좀더 상세히 진술해 주시겠어요?(개방형 질문) ② 감사중이라는 사실을 연락받았을 때부터 오늘까지 사이에(구간제시) 있었던 일에 대해서 자세히 진술해 주세요(개방형 질문)

[Exemple] 2	
대상자	**<도입질문에 대한 답변>** 얼마전 저희 회사에 ○○자재와 관련 납품업체를 선정했는데 당시 회사에서 제시한 조건을 충족하는 하나의 업체가 있었지만 그 업체는 납품실적이 좋지 않아 배제하고 새롭게 신청받아 다른 업체를 납품 회사로 선정한 일이 있는데 그와 관련 누군가 불만을 품고 허위의 사실을 기재해서 투서를 한 것으로 보입니다.
조사관	<탐색질문 중 '구간제시 개방형 질문'을 사용하되, 확인해야 할 모든 구간을 개방형 질문과 같이 순서대로 나열하시오>

[Exemple] 3	
대상자	**<도입질문에 대한 답변>** 몇일 전 집에서 쉬고 있는데 제가 운영하는 ○○상사의 옆 건물 사장님이 전화해 저희 회사에 불이 났다고 알려줬습니다. 그래서 회사에 가보니 원인을 알 수 없는 불이 나서 회사에 보관하고 있던 납품용 부품 10억원 가량이 모두 타버렸습니다.
조사관	**<탐색질문 중 '구간제시 개방형 질문'을 사용하되, 확인해야 할 모든 구간을 개방형 질문과 같이 순서대로 나열하시오>**

[Exemple]	
후속 질문의 유형	① 그다음의 상황을 좀더 자세히 얘기 해주세요 ② 그 이후에 있었던 일에 대해서 자세히 얘기 해주세요 ③ 그다음은 어떻게 되었나요?

    폐쇄형 질문은 짧은 단답형태의 답변이 되돌아 오게 되는 질문 유형이므로 절제해서 사용해야 한다. 이러한 질문은 제한된 형태로 구성된 사실적이면서 축소된 정보만 확인하도록 도울 가능성이 있다[9]. 실제로도 폐쇄형 질문은 대상자로 하여금 선택지(Yes/ No)를 제공하거나 짧은 단답형태로 구성된 대답을 얻을 수 있을 뿐이다. 그러나 대상자의 언어구사 능력이 평균수준 이하이거나 정상적인 의사소통의 수준에 미치지 못 할 경우에 수사관이 좀더 명확한 확인을 필요로 할 때는 폐쇄형 질문을 사용해야 한다.

[Exemple]	
폐쇄형 질문의 유형	① 그 연락을 받았을 때가 정확히 몇 시였나요?('6하 원칙'과 관련 된 정보) ② 그 장소에 혼자 갔었나요?(대상자의 답변이 'Yes/ No'인 질문)

---

9) Ryals, R. J. (1991). Successful Interviewing. *FBI Law Enforcement Bulletin*, Mar, 6−7.

(3) 전략질문

수사면담 단계에서 '전략질문'은 가장 핵심적인 지위를 부여받고 있다. 대상자로부터 진술증거를 확보하는 과정에서 위와 같이 탐색질문을 통해 진술내용에서 모순을 확인하고, 가장 극대화되도록 누적시키는 과정에서 통제된 방식으로 증거를 제시하는 전략을 활용하게 된다. 이러한 전략질문은 면담과정에서 다음의 두 가지 방식의 체계적인 질문으로 전개되어야 한다.

첫 번째는, 대상자의 진술을 통해 발견된 모순은 자신의 거짓말이 노출되었음을 알 수 없도록 부드러운 방식으로 설명을 요구함으로써 모순이 누적될 수 있다. 만약 충분한 모순의 누적이 충분히 확보되지 않은 초기단계에서 대상자 자신의 변명이 거짓말이라는 것이 노출되었다고 판단할 경우 그는 또 다른 변명을 통해 쉽게 원점으로 되돌아가려고 신문방어전략을 역동적으로 수정하기 위해 노력할 것이다. 그러므로 전략질문은 대립적인 방식으로 진행되어서는 안 될 것이다. 대상자로 하여금 그 스스로 자신의 주관적인 경험을 더 많이 얘기하도록 해야 할 필요가 있다.

두 번째는, 사실조사를 통해 증명된 사실을 제시했을 경우 대상자의 반응으로부터 예상가능한 언어적 대안(변명)을 검토한 후 그 대안을 모두 소진시키는 것이다. 변명거리가 충분히 소진된 후 검증된 증거를 제시했을 때 대상자는 급조한 변명을 대거나 적어도 효과적인 대안을 내놓지 못하도록 만드는 것 그것이 바로 '전략질문의 핵심'이다.

[Exemple]

◆ 수사관: (사실조사를 통해 대상자가 전도금 5,000만원을 자신의 개인 사치품 구입에 사용한 것을 확인했으므로 진술과 '모순'된다는 것을 알고 있더라도, 대상자의 거짓말의 탑을 좀더 높이 쌓을 수 있도록 허용)

◆ 전도금 5,000만원을 거래처 사은품을 구입했다고 했는데 좀더 자세히 설명해주세요(사실조사를 통해 대상자가 거래처로부터 부당한 납품계약 체결의 대가로 1억원을 수수한 것을 본 목격자가 확보되었더라도, 증거를 제시할 경우 대상자의 예상가능한 언어적 대안을 검토 – 빌린 돈 주장 등 – 하고 대안을 모두 소진시키는 것)

◆ 납품계약한 A회사와 개인적인 돈거래를 한 사실이 있나요?

[Exemple] 1	
확보된 증거	① 회사기밀이 경쟁업체 A社로 유출된 시점에 대상자의 딸이 타고 다니는 '포르쉐' 승용차량이 A社에서 임차하고 임차료를 매월 지급하고 있는 사실 ② 기밀 유출 하루 전 경쟁업체 A社의 개발부 상무 김채용과 '환타지 호텔'에서 만나 이야기 하는 장면 사진
조사관	<확보된 증거를 제시했을 경우 예상되는 언어적 대안 검토> ① 딸이 A社에 입사하기 위해 준비중이었는데 입사조건으로 승용차량을 지급받았다.(혹은, A社명의만 빌렸고 임차료는 대상자가 지불한다 등) ② 경쟁업체 A社 개발부 상무 김채용은 '친구'처럼 자주 만나는 사이이고, 당일도 그냥 일상적으로 만났던 것이다. (혹은, 업계에서 아는 사이였는데, 당일 개인적인 볼일을 보러 갔다가 우연히 만난 것이다.) <'예상가능한 언어적 대안'을 모두 소진시키기 위한 전략질문 검토> ① 우리 회사의 기말이 유출된 경쟁회사인 A社와의 관계에 대해서 상세히 진술해주세요(혹은 'A社'와 대상자 자신이나 가족중에 금전 거래를 한 일이 있나요?) ② 기밀이 유출되기 전, 후 경쟁업체인 'A社'직원을 개인적으로 만난 사실이 있나요? (대상자는 자신의 범행사실과 관련해 최대한 먼 거리를 유지하려 노력할 것이다. 이러한 노력은 대상자로 하여금 '이미 확보된 증거자료'와의 모순을 제공하게 된다.)

[Exemple] 2	
확보된 증거	① 선정된 납품업체의 납품실적이 탈락된 업체보다 더 낮다는 사실 ② 새롭게 선정된 납품업체로부터 2억원을 수수한 송금 영수증
조사관	<확보된 증거를 제시했을 경우 예상되는 언어적 대안을 검토하 고 기재하시오> <'예상가능한 언어적 대안'을 모두 소진시키기 위한 전략질문 검토>

[Exemple] 3	
확보된 증거	① 화재 발생 1시간 전 300미터 떨어진 '화끈 주유소'에서 휘발유 1통을 구매하는 장면이 담긴 CCTV 영상 ② 회사의 재정상태 악화로 적자상태임에도 2개월 전 화재보험 25억원을 보상하는 보험상품(월 불입액 400만원)에 가입한 사실
조사관	<확보된 증거를 제시했을 경우 예상되는 언어적 대안을 검토하고 기재하시오> <'예상가능한 언어적 대안'을 모두 소진시키기 위한 전략질문 검토>

	Q & A
Q	만약 면담과정에서 대상자의 진술내용에 '모순'이 발견되지 않으면 어떻게 하나요?
A	대상자의 진술내용이 사실조사 단계에서 확인된 증거자료와의 사이에 '모순'이 발견되지 않았다는 것은 그의 진술이 '진실한 내용'이라는 것을 의미합니다. 진실한 진술자의 진술내용은 '자백'이므로 추가적인 신문절차 없이 '검증 단계'로 나아가야 합니다. 그러나 많은 수의 대상자들의 진술내용은 객관적 사실과의 '모순'이 발견되므로 '한국형 수사면담과 용의자신문 모델'인 '계단 모델(Stairway Model)'을 숙지해야 할 필요가 있습니다.

4. 수사면담과 용의자 신문의 전문가들은 반드시 형사사법 절차에서의 두 가지 공통된 오류를 알고 있어야 한다

레오(Leo, 2004) 교수는 전 세계의 형사사법절차에서 오심과 오판에 대한 심도 있는 연구를 수행하면서 이러한 오심의 근저에는 두 가지 오류가 공통적으로 발견되었다고 밝혔다. 첫째는 터널비전으로서 이는 보고 싶은 것만 보게 한다는 오류이다. 예를 들면 유죄의 심증을 가지고 대사자를 바라본다면 그의 유죄와 관련된 증거들 또는 관련성과는 상관없이 유죄와 연관시켜 해석한다는 것이다. 둘째는 확증편향으로서 이미 확보하고 있는 증거에 반하는 자료는 모두 배척하게 된다는 것이다. 결국 수사면담과 봉의자 신분을 수행하는 수사관들은 이러한 오류들을 염두에 두어야 할 필요가 있다. 대상자와 관련 증거를 '가치중립'적인 시각으로 바라보고 검증된 객관적인 자료들로부터 대상자의 진술이 '모순'을 생산하는지 여부에 대한 확인을 거쳐 자백 확보를 위한 신문 단계로 나아갈 필요가 있다는 것을 잊지 말아야 할 것이다.

거짓탐지와 인지면담

PART 4
거짓탐지와 인지면담

1. 거짓탐지

    수사면담과 신문과정에서 대상자의 거짓을 탐지하기 위한 노력은 최근의 일이 아니다. 이미 수천 년 전부터 거짓말하는 사람의 행동적 특성에 대해 관찰하고 그 결과물을 토대로 거짓을 판단한 결과물을 기재한 문헌들이 전해져 내려오고 있다. 그리고 이러한 방식은 조금 더 체계화되고 이론적 기반을 보충하기는 했으나 현대의 행동분석 기법과 근원적인 측면에서는 별반 다를 것이 없다. 좀더 정확한 표현은 '불안에서 벗어나거나 완화시키기 위한 인간의 심리적·생리적 변화에 기반한 행동은 지난 수천 년간 크게 변화되지 않았다는 것을 의미한다.[1]

---

1) Brougham, C. G. (1992). Nonverbal Communication: Can What

그러나 이렇게 오랜 시간 동안에 인간의 행동에 관한 관찰에도 불구하고 범죄와 관련된 면담과 신문과정에서 대상자의 진술들에 대한 '진실과 거짓'을 알아 차릴 수 있는 단정적인 징후는 없다. 만약 '피노키오의 코'처럼 거짓을 정확하게 포착할 수 있는 비법이 있다면 적어도 수사영역에서 업무 효율성을 극대화할 수 있는 마법의 칼이 될 수 있을 것이다.

하지만 아쉽게도 전 세계에서 개발, 활용되고 있는 거짓탐지 도구들의 효용성을 검증하고자 이 분야에 대한 수백 건을 메타 연구한 연구진이 내린 결론은 이러한 거짓탐지 도구들이 정확도 측면에서 겨우 '동전 던지기' 정도의 수준이라고 할 수 있는 50%대의 확률에 그친다는 것이다.[2] 어떤 도구는 거짓탐지 확률이 80%의 정확성이 있다고 통계상 의미있는 수치를 내세우면서 개별적으로 주장되어지는 도구가 있기는 하다.[3] 그러나 그 연구 프로그램의 신뢰성 측면과 현장연구가 아닌 실험실 연구라는 한계성 측면에서 보편적이면서 좀 더 선명한 수준의 검증을 받지 못한 것이 현실이다. 실험실 연구의 한계는 거짓을 탐지하기 위한 실험이 마치 '종이칼로 칼싸움'을 하는

They Don't Say Give Them Away?. *FBI Law Enforcement Bulletin*, July, 11-15.
2) Hartwig, Maria & Granhag, Pär & Luke, Timothy. (2014). Strategic Use of Evidence During Investigative Interviews: The State of the Science. Credibility Assessment: Scientific Research and Applications. 1-36.
3) 설사 80%의 정확도가 명백하다 하더라도 20%의 극복되지 않는 큰 오류의 가능성이 존재한다.

것을 의미한다면 현장에서는 대상자 자신의 거짓이 발각될 경우 감수해야 할 처벌이 어떤 때는 삶이 송두리째 날아가는 위험부터 심각한 경제적 손실까지 그 손해가 다양한 상황이므로 실험실 연구로는 모두 담아낼 수 없는 역동이 존재한다.

그러므로 일부 성찰적 연구자들이 지적한 바와 같이 현재까지 개발된 거짓탐지의 도구들은 '거짓' 그 자체를 의미하지 않고 '거짓의 가능성'만을 의미한다는 것을 되새길 필요가 있다. 우리가 지금까지 살펴본 면담과 신문의 방법은 거짓을 확인시켜주지 않고 '거짓의 가능성'을 선명하게 부각시켜 준다. 이렇게 부각된 거짓의 가능성은 '수사활동'으로 참과 거짓을 증명할 때에만 '참과 거짓'의 명확한 결과를 얻을 수 있다.

이것이 더욱 선명하게 드러나도록 하기 위해서 지금까지 살펴본 것처럼 우리는 대상자와 면담 초기 혹은 그 이전 단계에서 비자극적이고 비도전적인 주제를 통해 라포형성을 해야만 한다. 그 과정에서 대상자의 특정 대화에 대한 특정한 행동의 기준선을 확보해야 한다. '거짓말 탐지기'라고 알려진 심리생리(폴리그래프)검사에 있어서도 검사초반에 본격적인 질문을 제기하지 않고 간단한 질문을 통해 참과 거짓의 심리생리에 관한 변화의 기준선을 확보한다. 이러한 기준선이 확보된 이후 본질문을 통해 의미있는 변화들이 일어난 지점에서 거짓의 가능성을 검사하는 원리라고 할 수 있다. 이렇게 대상자 행동의 기준선을 긋고 특정 주제에 대한 행동변화를 관찰한 뒤 기준으로부터 얼마나 많은 변화가 있는지를 확인하는 것이다. 이러한 과정을 거쳐 그 행동이 발생한 맥락적 영역에서 '거짓'의 가능성을 조심스럽게 제기할 수 있는 것이다.

구조화된 면담과 신문을 진행하는 과정에서 숙련된 수사관은 대상자들의 언어적, 비언어적, 준언어적 신호들을 포착해 '거짓의 가능성'을 확보할 수 있을 것이다. 거짓가능성을 내포하고 있는 다양한 의사소통 채널의 징후를 포착하는 것의 중요성을 가르치는 분야의 대표적인 기법은 리드 테크닉의 행동분석 인터뷰라고 할 수 있고, 개인의 진술에서 특정한 거짓의 징후를 포착하려는 진술분석이 있다.

(1) 행동분석

행동분석은 인간이 특수한 행동의 경우 그 불안을 잠재우기 위한 무의식적인 행동의 변화들이 있다는 것에 바탕을 두고 있다. 거짓말에 대한 특정징후는 없다는 것은 이미 밝힌 바와 같다. 그러나 대상자들이 보여주는 행동적 반응의 표준으로부터의 일탈된 현상은 그것이 '거짓말의 가능성'을 암시하는 것일 수 있다. 그러므로 행동적 반응의 표준을 확보하기 위해 앞서 살펴본 바와 같이 면담과 신문의 '계단 모델(Stairway Model)'을 적용해 면담 초기단계에서 비자극적이고 비도전적인 주제에 관한 대상자의 반응에 대한 기저선을 확보하는 것이 중요하다. 이 과정에서 확보된 대상자의 기저선은 향후 본격적으로 사건내용을 면담 주제로 상정할 때 대조할

수 있는 의미있는 변화된 반응들을 추출가능하게 하는 기준의 역할을 하는 것이다.[4]

거짓 여부를 확인하기 위한 행동분석의 대표적인 도구는 '행동분석 인터뷰'라고 할 수 있다. 미국 리드(John E. Ried Associates)사에서 제공하는 피의자신문기법[5]인 'Reid Technique'은 신문에 들어가기 전 대상자를 상대로 행동분석 인터뷰(BAI)를 실행하고 그의 진술에 대한 참과 거짓 여부를 확인하게 된다. 행동분석의 관찰대상은 언어적, 준언어적, 비언어적 반응들로서 리드 테크닉에서는 '표준행동들로부터의 일탈'된 것이라는 전제하에 거짓의 가능성이 높은 반응들이라고 밝히고 있다.

1) 언어적 행동

언어적 행동에 있어 거짓의 가능성이 높은 대상자의 진술형태 중 '회피하는 답변'은 수사관의 질문의 요지와는 다른 답변을 제공하는 것이다. 예를 들면, 부정한 돈을 수수했다는 혐의와 관련 "○○의 대가로 돈을 받은 사실이 있나요?"라는 질문에 "나는 그런 짓을 할 사람이 아닙니다"라는 형태의 회피적인 유형은 거짓의 가능성이 있다. '제한적인 부인답변'은 넓고 전체적인 사실에 대한 부인이 아니라

---

4) Inbau, F. E., Reid, J. E., Buckley, J. p., Jayne, B. C. (2005). *Criminal Interrogation and Confessions: Essentials of The Reid Technique*. America: Jones & Bartlett Learning, 77-103.

5) 저자는 2019. 10월경 John E. Ried Associates에서 개최(일리노이)한 Reid Technique 기본과정과 고급과정을 모두 이수했다.

특정하게 축소된 사실에 대한 부인하는 것이다. '신뢰성 보강언어 삽입'은 자신의 행위와 관련한 진술 과정에서 '성경, 하느님, 신, 세상모든사람' 등 신뢰성을 보강해 줄 언어들을 활용하는 것이다. '연습된 답변'은 수사관의 질문이 끝나기도 전에 혹은 끝나자 마자 마치 기다렸다는 듯이 답변을 하거나 목록화 해서 답변함으로써 미리 준비된 답변을 제공하는 것을 의미한다.

2) 비언어적 행동

비언어적 행동에 있어 거짓의 가능성이 높은 대상자의 행동은 '불안으로부터 자신을 최대한 멀리 위치시키려는 심리의 반응'을 평가하는 것이라고 할 수 있다. 이러한 현상 중 '정면으로부터의 일탈'은 몸을 수사관과 정면으로 마주앉지 않고 비스듬하게 함으로써 자신의 불안감을 상쇄시키려는 행동을 하는 것을 의미한다. '손동작의 결여'는 자신의 진술내용을 보강해 줄 바디랭귀지가 전혀 없는 것, 특히 손동작이 움직임이 없는 것을 의미한다. '시선접촉이 여부'는 수사관과 시선을 접촉하지 않거나 피하려는 행위를 의미한다. '장애물 쌓는 방어적 행동'은 팔짱을 끼거나 다리를 꼬거나, 손을 허벅지 밑에 끼우는 행위를 의미한다.

3) 준언어적 행동

준언어적 행동에 있어 거짓의 가능성이 높은 대상자의 행위 중 '응답시간의 지체'는 질문에 대한 답변의 속도가 자연스럽지 않고 너무 늦거나 그 사이에 공백을 삽입함으로써 답변을 가공할 수 있는 시간을 확보하려는 노력으로 평가되는 것을 의미한다. '답변의 길이(짧은 답변)'은 진실한 내용을 이야기 하는 대상자는 자연스럽게 자신의 내적 경험을 이야기 하면서 충분한 묘사가 가능하지만 거짓말하는 대상자는 실경험이 없어 가공의 사실을 이야기 해야 하므로 답변의 길이가 짧을 수밖에 없다는 것을 의미한다. '답변의 연속성 파괴'는 거짓말하는 경우 질문내용에 대한 답변이 적을 수밖에 없으므로 연속성을 깨면서 다른 주제로 대화를 넘기는 행위를 의미한다. '지우기 행동'은 자신의 진술내용을 번복하거나 취소하는 것으로서 언어적 취소행위 외에 미소, 윙크 등과 같은 것을 의미한다.

위와 같이 리드 테크닉의 '행동분석 인터뷰'를 통해 거짓의 가능성을 관찰해야 할 징후들이 각각 '거짓'을 의미하지 않는다는 것을 잊지말아야 한다. 이러한 징후들은 비자극적이고 비도전적인 주제들을 통해 대상자와의 의사소통과정에서 그들의 '표준 반응'을 관찰하고 확보하는 것이 선행되어야 한다. 이후 범죄와 관련된 특정 사실들이 대화의 주제로 상정되었들 때 대상자들이 보이는 행동징후들은 이미 확보된 '표준 반응'에 비추어 특이점이 있을 때 의미가 있는 것이다. 거짓의 가능성이 있는 요소를 정리하면 다음과 같다.

언어적 행동	비언어적 행동	준언어적 행동
회피하는 답변	정면으로부터의 일탈	응답시간의 지체
제한적인 부인 답변	손동작의 결여	답변의 길이(짧은 답변)
신뢰성 보강언어 삽입	시선접촉의 부족	답변의 연속성 파괴
연습된 답변(목록화 등)	장애물 쌓는 방어적 행동	지우기 행동

〈BAI의 '거짓의 가능성 높은 반응들'6)〉

(2) 진술분석

진술분석은 진술내용의 거짓 여부를 탐지하는 도구와 진술의 타당성을 검증하는 도구로 나뉜다. 진술내용의 허위성 여부를 탐지하는 도구 중 미국 등 법집행 기관에서 가장 널리 쓰이는 것은 SCAN(Scientific Content Analysis)로서 이스라엘 거짓말 탐지기 검사관 Sapir, A.에 의해 개발되었다. 진술의 타당성을 검증하는 도구 SVA(Statement Validity Assessment)7)는 성폭력, 학대범죄와 관련 피해 아동의 제한적인 언어적 표현 능력 등을 고려한 진술의 신빙성과 타당성을 평가할 목적으로 개발된 도구로서 이 책에서는 수사 단계에서 활용가능한

---

6) John E. Ried Associates의 Reid Technique 고급과정 연수 중 전문강사(Senior Instructor)로부터 집중 훈련받은 거짓의 행동징후들 중 수사현장에서 관찰되기 쉬운 행동반응들 중 호소력 있다고 판단되는 일부를 갖추려 재정리했다.
7) SVA는 아동과의 면담(NICHD프로토콜 활용)을 통해 확보한 내용을 CBCA(Criteria-Based Content Analysis)을 통해 분석하고, 그 결과를 바탕으로 타당성을 평가하는 기법이다.

SCAN기법에 대해서 다룬다.

SCAN을 교육하는 회사[8]는 SCAN은 수사관에게 필수적인 도구로서 증인, 용의자 등의 진술로부터 진실과 거짓을 신속하게 식별하는데 가장 효과적인 기술이라고 안내하고 있다. 그러나 이 분석도구에 대한 효용성 측면에서 제기되는 의문은 '과학적 내용분석에 과학은 없다'거나 '또 하나의 쓰레기 과학', '효과성이 증명되지 않았음에도 주창자와 그를 추종하는 사람들이 재생산한 신화만 있을 뿐이다'고 비판하고 있다.[9] 이러한 비판은 SCAN을 '거짓말' 자체를 구분하는 용도로 활용하거나 주장하는 것에 대한 반발일 것이다.

그러나 실무적인 측면에서 본다면 진술분석은 앞서 살펴본 행동분석과 마찬가지로 '거짓' 자체를 구분하는것에 효용가치가 있는것이 아니라 표준에서 일탈된 반응이나 표현을 발견하는 구조화된 틀을 제시함으로써 수사의 방향을 설정하도록 하고 '수사활동'을 통해 그 진실성 여부를 검증해야 하도록 하는 것에 있다.

SCAN의 전제조건은 '오염되지 않은 진술의 확보'로서, 사건발생 후 여러 단계를 거쳐 진술을 하면서 내적 강화와 그로 인한 심리적 조정이 이루어진 대상자의 진술은 분석대상으로서의 가치가 현저히 떨어진다. 그러므로 사건 초기단계에서 사건정보와 관련된 순수상태

---

8) Scientific Interrogation, Inc. (https://www.lsiscan.com, 2020. 3. 12. 방문)
9) Leo, R. A. (2014). 허위 자백과 오판: 피의자신문과 형사사법의 구조 (조용환 역). 서울: 후마니타스. (원저 2008년 출판). 176-177.

에서 대상자에게 충분한 시간과 함께 최대한 있는 사실 그대로를 제
공할 것에 대한 기대와 함께 그의 경험에 관한 진술을 획득하는 것
이 필요하다.

SCAN에서 분석기준으로 활용하는 기준(Criteria)은 Smith(2001)
가 정리한 13개의 기준은 다음과 같다.[10]

SCAN의 13개 기준(Criteria)

연번	기준
1	언어의 변화 (Change in language)
2	진술서 內 정서표현의 위치 (Placing of emotions within the statement)
3	대명사의 부적절한 사용 (Improper use of pronouns)
4	사건과 관련된 확신/ 기억의 부족 (Lack of conviction/ memory concerning the incident)
5	혐의를 부인하지 않음 (No denial of allegations)
6	순차적인 정보에서 벗어남 (Out of sequence information)

10) Smith, N. (2001). Reading between the lines: An evaluation of the
scientific content analysis technique (SCAN). Police research series
paper 135. London, England: Home Office Policing and Reducing
Crime Unit Research, Development and Statistics Directorate, 10−14.

7	사회적 소개 (Social introduction)
8	자발적 수정 (Spontaneous corrections)
9	진술의 구조 (Structure of the statement)
10	시제의 변화 (Tense change)
11	시간 (Time)
12	중요하지 않은 정보의 중요성 (Unimportant information becomes important)
13	불필요한 연결/ 생략된 정보 (Unnecessary connections/ missing information)

SCAN의 13개 기준에 해당할 경우 거짓의 가능성을 염두에 둔 가설을 설정하고 '수사활동'을 통해 그 가설들을 검증하면서 제거되지 않은 가설의 확인이 필요하다고 할 수 있다. 기준에 대한 각각의 의미 내용은,

① '언어의 변화'는 대상자가 작성한 진술서에 등장하는 인물들의 호칭이 변화되는 것을 의미한다. 이러한 변화는 대상자의 내적 변화로 인한 심리적 거리감과 연관이 있는 것으로 해석된다. 또한 사람뿐만 아니라 사물에 대해서도 동일한 물건의 명칭이 변화한 것 역시 마찬가지라고 할 수 있다. 예를 들면,

'와이프 → 그 여자', '내가 갖고 있던 칼 → 그 칼'과 같은
형태로 변화하는 것을 의미한다.

② '진술서 내에서의 정서표현의 위치'로서 진술서 내에서 사건
과 관련한 정서표현의 부재나 부적절한 표현을 기재하는 것
이다. 예를 들어, 예측하지 못한 사고를 당한 자녀의 죽음에
대한 부모의 진술서에 '정서표현 부재'와 같은 것을 의미한
다. 또한 정서표현이 삽입되어 있다 하더라도 그 위치상 사
건발생 전, 후에 비추어 부적절한 위치라면 마찬가지로 이
기준에 해당하는 것으로 평가한다.

③ '대명사의 부적절한 사용'은 진술서에서 대명사의 사용은 등
장하는 사람이나 사물의 연결성에 대한 정보를 알 수 있는
영역에 관한 것이다. 이러한 대명사가 생략되거나 부적절하
게 사용되는 경우 특히, 대상자 자신을 의미하는 1인칭의 소
유 대명사를 제거한 표현은 심리적 거리를 표현하려는 의도
로서 이 기준에 해당하는 것이다. 또한 대명사의 부적절한
사용의 경우도 관계성에 대한 인위적인 변화 의도로 평가할
수 있다.

④ '사건과 관련된 확신/ 기억의 부족'은 발생한 사실에 대한 어
떤 정보를 제공하는 것에 반발하는 심리적 요인으로서 자신
과의 거리를 유지하기 위해 해당 사실에 대한 언급을 회피하

려는 의도를 의미한다. 예를 들면 '기억나지 않는다'거나 '확실하게는 모르지만 ~이었던 걸로 보인다' 등 애매한 표현은 이 기준에 해당한다.

⑤ '혐의를 부인하지 않음'은 진술서 내에서 직접적인 표현으로 자신의 혐의를 부인하지 않는 것을 의미한다. 자신을 범죄행위를 중화시키기 위해 간접적인 표현으로 진술하는 것을 의미한다. 예를 들면 '나는 재산이 많은 사람입니다. 내가 횡령할 이유가 없어요'라거나 '나는 아내를 사랑합니다. 그런 내가 왜 다른 여자를 추행하겠습니까?'와 같은 것을 의미한다.

⑥ '순차적인 정보에서 벗어남'는 대상자에 의해 작성된 진술서가 논리적 흐름에 따라 자연스럽지 못한 채 흐름의 순서에서 일탈할 경우 이 기준에 해당한다.

⑦ '사회적 소개'는 진술서 내에 등장하는 사람이 사회적으로 어떤 관계거리에 존재하는지에 대해서 가늠할 수 있는 소개의 부재를 의미한다. 이는 심리적 거리나 사건 연관성을 부각시키지 않으려는 의도로서 이 기준에 해당한다.

⑧ '자발적 수정'은 진술서 내에서 단순 철자가 틀린 것을 제외하고 대상자가 진술서를 작성하던 중 해당 표현이 범행과 관련된 무언가를 떠올릴 수 있는 경우 이를 자발적으로 수정했

을 경우 정정되기 전 표현의 연관성을 검토하는 것으로서 이
기준에 해당한다.

⑨ '진술의 구조'는 대상자가 작성한 진술서의 구조가 사건 전,
사건 중, 사건 후가 20% : 50% : 30%의 비율로 균형을 이루
는 것이 이상적인 글의 구조인데 반해 이러한 구조의 심한
불균형은 거짓의 가능성을 의미한다. 이러한 차이는 중요한
핵심사항을 숨기기 위해서는 생략한 그만큼의 내용을 보강
하거나, 자신의 범행을 중화시키려는 노력을 무의식중에 함
으로써 글의 구조가 불균형 상태로 변형되는 것이다.

⑩ '시제의 변화'는 진실한 내용의 진술서는 이미 발생한 과거의
사건을 자신이 재생하는 것이므로 '1인칭 과거시제'를 사용
하게 된다. 현재시제나 3인칭 시점 등으로 작성된 것은 이
기준에 해당한다.

⑪ '시간'은 진술서 내 시간의 표현이 실제 사건과 관련된 객관
적 시간에 대한 주관적인 표현이 얼마나 일관성을 유지하는
지를 평가하는 것이다. 이러한 시간의 불일치는 이 기준을
충족한다.

⑫ '중요하지 않은 정보의 중요성'은 진술서에 기재된 내용들이
타인에게 별로 중요한 의미가 없는 것처럼 보이는 데도 대상

자가 중요하게 부각하는 행위를 의미한다. 이러한 정보는 뭔가를 감추기 위한 전략일 수 있는 것이다.

⑬ '불필요한 연결/ 생략된 정보'는 진술서 내에서 문장과 다음 문장이 이어지는 지점에 불필요한 연결어구를 활용하여 특정 정보의 생략가능성을 의미하는 것으로서, 생략된 정보에 대한 확인이 필요하다고 할 수 있다.

2. 인지면담

미국과 영국의 연구에서 인지면담을 활용한 면담에서 그렇지 않은 경우보다 47~55% 더 많은 정보를 이끌어낸 것으로 밝혀졌다.[11] 인지면담을 통해 얻어지는 정보의 양의 증가와 내용의 신뢰성이 높은 것은 여러 연구성과물로 확인된 사실이다.[12]

인지면담은 용의자뿐만 아니라 피해자, 목격자, 참고인 등 모든 진술증거 확보 대상자를 상대로 기억을 증진시키기 위해 적용 가능한 기법이다. 대상자들의 높은 협력도에도 불구하고 "기억이 잘 나지 않습니다"거나 "말한 것이 전부입니다"는 등의 축소된 진술은 면담

---

11) Fisher, R. P., Geiselman, R. E. (2011). 인지면담: 수사면담 시 기억 향상법 (김시업 역). 서울: 학지사. (원저 1992년 출판). 23.

12) Bennett, M. Hess, J. E. (1991). Cognitive Interviewing. *FBI Law Enforcement Bulletin*, 60(3), 8－13.

을 진행하는 수사관들의 의욕을 떨어뜨리게 된다. 이렇듯 대상자들이 여러 가지 이유로 관련 사실의 기억을 재생하는데 어려움을 겪을 경우 대상자가 경험할 당시의 상세한 정보를 회상하도록 도움을 주는 '구조적인 접근방식'을 제공해 주기 때문에 효과적이면서도 검증된 기법이라고 할 수 있다. 과거의 기억을 재생하기 위해 수사기관에서 활용하고 있는 또 다른 방법으로는 '최면 수사'가 있다. 그러나 최면적 기억재생 방식은 암시로 인한 조작이나 오염의 가능성에 대하여 법원으로부터 의심받고 있다.13) 하지만 인지면담적인 기억회상 방식은 대상자의 기억을 재생하는데 도움을 줄뿐 오염의 가능성이 적다. 그리고 수사관들이 익숙해질 경우 더욱 풍부한 정보와 더 정확하게 재생시키는 것을 가능하게 하는 것이 인지면담이다. 이러한 인지면담은 로널드 피셔와 에드워드 지젤만 교수에 의해 현장에서 산발적으로 존재하던 방식을 체계화한 것으로 알려져 있다.

  인지면담의 구조는 크게 두 가지 영역으로 나눌 수 있다. 첫째는 대상자로부터 재생시키려고 하는 타겟 정보와 관련된 맥락의 회복이다. 둘째는 회복된 맥락 내에서 타겟 정보를 재생하기 위한 기억의 복구이다. 맥락을 회복시키는 이유는 우리의 기억은 감각기관들로부터 자료를 입력받는다. 이 과정에서 감각기관에 의해 입력된 기억은 매우 짧은 시간 동안 인식되고 저장된다. 그러나 감각기억이 이

---

13) 비록 법원의 태도는 암시로 인한 오염가능성을 의심하고 있으나, 최면 수사 또는 최면치료의 실무적 영역에서는 최면 유도절차의 전 과정에서 기억에 영향을 미치지 않은 질문의 방식을 사용해 오염가능성을 방지하고 있다.

를 인식하 후 저장된 정보에 좀더 많은 집중을 하게 될 경우 이 정보
는 작업기억 또는 장기기억으로 넘어가게 된다. 그리고 우리의 뇌는
이런 기억들을 기존의 기억들과 함께 새로 입력된 정보를 종합해 뇌
저장소 곳곳에 저장하게 된다. 이러한 이유에서 우리가 만약 질문을
통해 타겟 정보에 해당하는 기억을 인출하려고 한다면 재생되는 기
억은 온전한 기억이 아니라 파편화된 기억일 가능성이 크다. 질문을
받으면 대상자의 뇌는 오직 질문과 관련이 있는 정보가 저장된 곳을
활성화 시키기 때문이다. 그러므로 우리는 인지면담을 통해 두뇌의
다양한 영역에 저장된 복합적인 기억을 재생하기 위해 우선 맥락정
보를 활성화시켜야 하는 것이다. 예를 들면 모든 감각을 동원해 대상
자를 타겟 정보의 시점으로 데려가는 것이다. 그리고는 많은 것을 검
색할 수 있도록 충분한 시간과 지침을 주게 된다. 그리고 자유롭게
모든 것을 떠올릴 수 있도록 하면서 질문은 가능한 범위 내에서 최
소화 한다. 이러한 맥락 회복이 바탕이 완성되면, 타겟 정보를 재생
시키기 위한 다양한 기법들을 활용해 기억을 복구하도록 한다. 기억
을 복구하는 기법들은 오감을 동원해 당시 상황을 떠올리게 하거나,
개방형 질문, 전략 질문 등을 통해 묘사하도록 하거나, 관점을 변화
시켜 진술하도록 하거나, 대상자가 떠올린 기억을 역순으로 떠올리
도록 하거나, 타겟 정보의 세부단서를 활용해 추가적인 정보를 견인
하도록 하거나, 그림을 그리도록 하는 방법이 있다.[14] 인지면담의 현
장활용성 높은 구성과 진행절차는 다음과 같다.

---

14) FBI 테러 혐의자 신문·면담기법 세미나 자료(2016).

순서	내용
맥락의 회복 단계	라포형성 후 기억의 재생을 위해 적극적으로 참여할 것 요구
	오감을 동원해 정신적으로 당시의 맥락적 상황을 떠올리도록 요구
	충분히 떠올릴 시간을 주고 최대한 내용을 묘사하도록 요구
기억의 복구 단계	당시 상황을 자유롭게 떠올려 보도록 지시하고 생략된 부분 을 질문
	개방형 질문을 통해 깔때기 형태로 점차 범위를 좁히며 묘사 요구
	필요시 폐쇄형 질문으로 좀더 정밀한 세부정보를 수집
	질문은 대상자가 현재 묘사하는 내용 관련된 질문 위주로 할 것
	목격자, CCTV, 새 등의 관점으로 다시 한 번 떠올리도록 요구
	사건 전체 시간의 역순이나 강렬한 기억부터의 역순으로 묘 사 요구
	개별적 특성이용 기억 인출(장단, 유사성, 목소리, 스타일 등)
	복구한 기억을 그림으로 그리되 최대한 많은 내용을 그리도 록 요청
	추가 진술기회 부여 및 향후 추가적 정보제공시 연락방법 안내

〈인지면담의 구성 및 진행절차〉

수사면담과 용의자 신문의 실제
-계단 모델(Stairway Model)의 통합적 활용

PART 5

수사면담과 용의자 신문의 실제
-계단 모델(Stairway Model)의 통합적 활용

　이 장에서는 앞서 다뤘던 내용들을 통합하는 과정을 제시할 것이다. 제시된 사례는 한국형 수사면담과 용의자 신문 모델인 계단 모델(Stairway Model)을 적용해 구조화되고 체계적인 면담과 신문을 보여준다. 사례는 사건발생 후 기초조사를 통해 수집된 기초자료를 바탕으로 면담대상자와 순서를 선정하고 계획을 수립하는 것으로 시작된다. 그리고 범행 연관성을 부인하는 대상자를 상대로 수사목적달성을 위한 면담과 신문의 과정들을 시각적으로 부각시킬 것이다. 최종적으로는 자백을 통해 사건의 재구성에 필수적인 진술증거를 확보하는 전 과정을 보여줌으로써 독자들의 이해를 도와줄 것이다. 다만, 면담과 신문이 진행되는 모든 의사소통과정을 물리적으로 제시하기 힘든 한계가 있으므로 효과적인 면담과 신문의 예시 전달목적에 부합되도록 구조화된 문답과정을 좀더 선명하게 조망되도록 하였다.

1. 면담 및 신문계획서 작성

(1) 사건개요

- 2020. 4. 30. 제보자 황철강(55세)으로부터 수연건설 아산현장 소장 김황산(50세)이 현장에 보관중인 건설공사 자재(H빔 등) 수천 만원 상당을 빼돌려 횡령했다는 제보가 본사 감사실에 접수되었다.
- 그 증거로 김황산으로부터 매입한 H빔과 철근 대금(2,000만원, 1,700만원)을 각 김황산 개인계좌로 송금한 내역을 제출하였다.
- 감사팀 현장실사 결과 김황산이 현장소장으로 근무한 지난 3년간 재고내역과는 달리 공사자재 3억 5,000만원 상당이 없어진 사실이 확인되었다.
- 제보자는 더 많은 횡령행위가 있었다는 것이 주변에 소문이 많이 나 있다고 주장하지만 이를 뒷받침할 만한 증거는 없다고 한다.

(2) 대상자(용의자) 인적사항

◆ 김황산(남, 50세): 수연건설 아산현장 소장
◆ 주거: ○○시 ○○길 112 프리드리히 아파트 ○○호
◆ 연락처: 010-1234-5678
◆ 참고사항: 아들 2명(대학생/ 고2), 처(김미녀 45세, 교사),

1993. 7. 31. 수연건설 입사

병소 낚시를 슬김

(3) 우리가 알고 있는 것은 무엇인가?

1) 확보된 증거

- 증거 ①: 제보자 황철강의 횡령자재 매입 진술
- 증거 ②: 매입대금을 김황산 개인계좌로 송금한 영수증 2매
- 증거 ③: 김황산이 현장소장으로 재직한 3년간 자재 3억 5,000
  만원 상당이 없어진 재고내역

2) 증거가 제시될 경우 예상가능한 언어적 대안

- 증거 ①이 제시될 경우,
  대상자는 제보자 황철강의 진술에 대한 신뢰성에 의문을 제기
  하면서 '자신과 사이가 나쁜 제보자가 악의적으로 제보'한 근
  거 없는 내용이라고 주장할 것이다.
- 증거 ②가 제시될 경우,
  대상자는 제보자 황철강으로부터 일시차용한 돈이라고 항변
  하면서 공사 자재 횡령과 무관한 금전거래임을 주장할 것이다.
- 증거 ③이 제시될 경우, 대상자는 자신과는 무관한 것임을 주
  장하면서 업무상 횡령행위가 아니라 관리자로서의 가벼운 비
  난만을 감수하려 할 것이다.

(4) 우리가 들은 것은 무엇인가?

제보자가 매입한 H빔과 철근 외 더 많은 횡령행위가 있다는 소문을 들어서 알고 있다는 제보자 황철강의 진술

(5) 우리가 생각하는 것은 무엇인가?

- 대상자 김황산은 자신이 현장소장인 공사현장에서 공사자재 H빔과 철근 3,700만원 상당을 횡령하였음이 제보자 황철강의 진술 및 제출된 증거에 의해 확인되었다.
- 그러나 김황산이 현장소장으로 재직하던 공사현장에서 총 3억 5,000만원 상당의 공사자재가 없어졌다.
- 결국, 현재까지 드러나지 않은 추가적인 횡령행위가 존재할 가능성이 있다.

(6) 우리가 해야 할 일은 무엇인가?

- 제보내용에 대한 대상자 김황산의 업무상 횡령행위 자백 확보 필요
- 증거가 없는 추가적인 횡령행위를 증명하기 위한 진술증거 수집 필요
- 자백 확보할 경우 자백내용에 대한 오류가능성 검증

(7) 평가

면담과 신문이 종료된 후 계획서상 목표가 달성되었는지 여부 및 향후 진행사항을 기재

2. 수사면담 및 용의자 신문의 실행

면담과 신문의 중요한 차이는 '추궁'에 있다. 면담과 신문은 한 번의 기회에 연속적으로 진행될 수 있고, 여러 기회에 분리되어 처리될 수도 있다. 면담은 대상자가 여러 명일 경우 유죄의 가능성이 가장 적은 사람을 가장 먼저 면담해야 한다. 무고한 사람은 자발적인 정보제공을 통해 유죄의 가능성이 가장 많은 사람을 면담하면서 활용할 양질의 추가적인 자료들을 제공할 것이기 때문이다. 위 사건에서는 대상자가 한 명이므로 그대로 면담을 진행할 것이다. 수사기관이나 민간기업, 특사경 등 소속 기관에 따라 활용되는 서류가 상이할 것이므로 아래 예시에서는 수사면담 전 형식적인 신분확인 절차는 생략하고 면담과 신문을 진행한다(아래 예시에서 'S'는 대상자의 답변, 'D'는 수사관의 질문을 의미한다).

구분	내용	의미
D	안녕하세요. 이 사건 조사를 담당하게 된 감사팀장 박현출입니다. 많이 바쁠시간인데 오시느라 불편한 점은 없었나요? 차 한잔 하시죠. 커피 괜찮으신가요? 제가 뭐라고 불러드리면 될까요?(소장님이라고 부르면 될까요? 또는 김황산 씨라고 부르면 될까요?) 제가 우연히 들으니 소장님께서 낚시를 좋아하시던데 요즘 같은 봄철에는 낚시가 어떤가요?)	\<라포형성\> 이 과정은 몇 분 만에 끝날수도 있고, 훨씬 더 많은 시간이 필요 할 수도 있다. 비자극적이고 비도전적인 주제로 부드러운 출발을 해야 한다. 이러한 과정을 통해 형성되는 라포(Rapport)는 대상자를 덜 방어적이게 할 것이다.
S	아니, 내가 무슨 도둑놈도 아니고 수십 년째 회사를 위해서 뼈 빠지게 일만 해온 나한테 뭐 이런 황당한게 있다는 말입니까 나는 억울합니다.	대상자가 조사장소에 도착 하자마자 곧바로 본론으로 들어가려 한다면 조사관은 대화를 지연시킬 필요가 있다.
D	김황산 소장님,	

	그 이야기는 오늘 충분히 할 수 있도록 시간을 드릴겁니다. 그리고 억울한 점이 없도록 최대한 공정하게 진행될 것입니다. 다만, 공정한 조사가 되려면 서로 차분한 마음으로 진행을 해야 합니다. 우선 차를 한잔 하고 나서, 마음이 가라앉으면 거기에 대해서 억울한 점이 있는지 하나씩 따져보는 것이 시간도 줄이고 진실을 밝히는 데 도움이 됩니다.	이러한 대화는 면담 과정에서 대상자의 의사소통 표현방식에 대한 기저선을 확보하게 해준다.
	〈의사소통에 있어 면담준비가 되었다면〉	
D	그럼 지금부터 사건얘기를 해보겠습니다. 김황산 소장님이 오늘 이곳에 출석하게 된 이유를 알고 있나요?	**<도입질문>** 도입질문은 대상자의 진술을 부드럽게 출발하도록 도와 줄 뿐만 아니라 묻고 답하는 대화의 방법을 알려주게 된다.
S	네 제가 관리하는 현장에서 공사자재의 장부상 재고내역보다 실물 자재가 훨씬 적어 그 일에 대해서 조사받기 위해 나왔습니다. (또는, 저와 평소 사이가 좋지 않은 황철강이 제가 공사자재를 개인적으로 팔아먹었다고 허위제보하여 그 사실로 조사받기 위해 출석했습니다)	도입질문은 객관적인 사실을 통해 대상자가 저항없이 진술을 하도록 구성되어야 한다.

D	그 경위에 대해서 좀더 자세히 이야기 해주세요 (또는, 그 사실을 알게 된 경위에 대해서 상세히 얘기해주세요)	<도입질문에 연결된 초기 개방형 질문> 도입질문을 통해 얻은 간단한 대답에 기반한 초기 개방형 질문은 더욱 풍부한 정보를 제공하도록 격려하게 된다.
S	저는 2016. 4. 1.에 우리 회사에서 시공하는 수연시 기반시설조성공사 현장에서 현장소장을 맡아 일해왔는데, 얼마 전 무슨 일인지 본사 감사팀에서 저희 현장의 공사자재 재고내역과 현장 실물자재 현황을 분석하더니 H빔 등을 포함해 3억 5,000만원 상당의 자재가 없어졌다고 했습니다. 하지만 저는 자재를 빼돌린 사실이 전혀 없고 그냥 매일매일 열심히 일만 했을 뿐입니다.	대상자의 진술은 중단됨 없이 필요한 만큼(혹은, 그가 준비한 만큼) 진술하도록 허용될 필요가 있다.
	〈탐색 질문을 통해 대상자의 진술에서 모순을 발견하고, 이를 누적시켜 극대화시킨다.〉	
D	공사현장의 자재보관과 반출과정에 대해서 설명해주시겠어요	<탐색질문 및 전략질문> 확보된 증거와의 '모

S	저희 현장의 자재는 대부분 자재창고에 보관하고 있고, 크기가 큰 것은 어쩔 수 없이 현장 노지에 보관하고 있으며, 저희 현장에 납품된 자재는 모두 필요해서 구매한 자재이므로 이를 현장 외부로 반출하는 일은 없습니다.	
D	자재창고와 노지에 보관한다고 했는데 좀더 진술해 주시겠어요?	
S	공사자재 중에 비교적 비싼 자재나 중요한 것들은 현장사무실 옆 자재창고에 넣어두고 자물쇠를 채워 관리하고 있고, 열쇠는 사무실 경리담당이 이를 관리하면서 자재반출 필요시 저의 결재를 받고 반출하는 형태로 관리하고 있습니다. 이번에 장부와 재고현황이 다른 공사자재는 현장 노지에 적재해 두고 있던 것인데, 주로 창고에 들어가지 않을 만큼 크거나, 일반적으로 빈번하게 사용되는 자재들은 그냥 현장에 적재해두고 필요시마다 그날 작업량에 맞게 가져다 사용하고 있습니다. 이런 자재들은 반입과 반출이 워낙 많아 매일 재고를 확인하는 것이 힘든 현실입니다.	순'을 발견하더라도 추궁하거나 증거를 제시하는 것은 유예한다. 발견된 모순을 계속 누적시킨다
D	현장 노지에 적재해두는 자재에 대해서 자세	

	히 설명해주시겠어요?
S	조금전 말씀드린대로 주로 덩치가 큰 자재들이나 현장에서 바로바로 빈번하게 쓰여지는 것들은 현장 노지에 보관하면서 공사에 사용하는데, 주로 H빔 철강제품이나, 철근류, 거푸집 등과 같은 현장용 자재들이라고 할 수 있습니다. 크기도 크고 반입량도 많으며 사용량도 빈번해 일일이 재고를 파악하고 관리하기가 사실상 힘든 것이 현실입니다.
D	자재의 납품내역과 사용내역에 대해서 설명해주시겠어요?
S	제가 현장소장으로 근무했던 지난 4년간의 납품 내역은 여기 장부에 기재된 바와 같이 납품되었습니다. 확인서에 저의 서명이 있으니 납품된 내역은 정확합니다. 다만, 현재 재고가 납품된 내역에 비춰 많이 부족한데 정말 어떻게 된 일인지 저도 알 수 없습니다. 도둑 맞은게 아닌지 확인해보고 있는 중입니다.

D	진술인이 현장에 보관중이던 공사자재를 무단으로 판매하지는 않았나요?
S	저는 공사자재를 무단으로 판매하지 않았습니다. 나는 나쁜 짓을 하는 사람이 아닙니다. 내가 정직하게 살고 있다는 것은 내 주변사람들이 모두 알고 있어요. 비록, 장부와 재고가 일치하지 않지만 그것은 저와는 상관없는 일입니다. 정말 억울합니다.

(예상가능한 언어적 대안을 소진시킨다.)

D	황철강 씨를 알고 있는가요?	발견된 모순을 누적시키는것에 더하여 증거 ①, ②의 전략적 사용을 위해, 이를 제시했을 경우 예상가능한 언어적 대안(변명)을 모두 소진시켜야 한다.
S	네 황철강이는 3년전 쯤 저의 지인을 통해 소개받아 얼굴만 아는 사람입니다. 저와는 별다른 관계는 없는 사람입니다.	
D	황철강과는 얼굴만 아는 사이고 별다른 관계 없다고 했는데 좀더 자세히 설명해 주시겠어요?	
S	조금전 말씀드린대로 황철강 씨는 저와 친분이 있는 형님과 잘 알고 지내는 사이였던 사	

	람인데, 약 3년전 그 형님과 골프연습장에서 운동하던 중 우연히 만나 소개받았고 가끔 안부만 전하는 사이일 뿐 잘 모르는 사람입니다.
D	우연히 소개받은 사람인데 가끔 안부를 전한다는 것은 무슨 뜻인가요?
S	말 그대로 그 사람은 그 사람의 일이 있고, 저는 저의 일이 있으니 서로 특별히 만날 일이 있는 것도 아닙니다. 하지만 알고 지내는 형님과는 친분이 있으니 그냥 인맥관리 차원에서 두세 달에 한번정도씩 안부문자나 주고받는 사이라는 것입니다. 저와 관련없는 사람인데 왜 여기서 그 사람의 이름이 나오는지 불쾌합니다.
D	만나거나 돈거래를 하지는 않나요
S	조금전에 말씀드린대로 저와는 별로 친분이 있는 것도 아니므로 만날 일도 없고, 또 돈거래를 할 정도로 친하지도 않습니다. 사람을 만나거나 돈거래를 해도 어느 정도는 친한 사이에서 하는것이지요 그렇지 않습니까

	(확보된 증거의 통제된 개방을 한다.)	
D	조사된 바에 의하면, 김황산 씨와 황철강 씨가 공사자재 물품을 거래하는 관계로 의심되는데 어떤가요? (1단계 개방)	
S	누가 그런 헛소리를 합니까. 잘 알지도 못하는 사람과 무슨 거래를 한다는 말입니까. 나는 맹세코 한번도 황철강 씨와 거래를 한 사실이 없습니다.	<전략적 증거사용> 증거를 단계적으로 개방한다. −1단계: 비구체적이고 모호한 증거제시
D	진술인(김황산)이 황철강에게 공사현장에 있던 공사자재를 팔았다는 것을 증명해 줄 증인이 있는데요? (2단계 개방)	−2단계: 구체적이고 모호한 증거제시
S	도대체 무슨말을 하는지 모르겠습니다. 나는 그런 사실이 전혀 없어요, 더구나 황철강과 저는 그런 거래를 할 사이도 아닙니다. 잘 알지도 못해요. 누가 그런 소리를 하는 겁니까	−3단계: 구체적이고 정밀한 증거 제시 함으로써 모순을 더욱 누적시킨다.
D	황철강은 2020년 2월 1일과 3월 1일에 진술인으로부터 공사자재를 매입하고 돈을 송금했다는데요 (3단계 개방)	

S	황철강이가 거짓말하는 것입니다. 그런 사실이 없는데 무슨 그런 터무니 없는 말을 하는지 모르겠네요
D	당시 황철강이 진술인으로부터 공사자재를 매입하고 그 대금으로 송금한 송금증 사본인데 어떻게 된 것인가요(송금증 증거 제시) (3단계 개방)
S	아니 이럴 리가 없는데 … 나는 …

자백 확보를 위한 신문의 실행

D	제가 이 사건을 조사하면서 느낀점은 진술인이 나쁜 사람이 아니라는 것입니다. 그동안 하루도 빠짐없이 수십 년을 회사를 위해서 성실하게 일해왔던 것만 봐도 알 수 있습니다. 아마도 이번과 같은 사고가 생긴 것은 어쩌면 회사의 책임도 있어 보입니다. 최근 본사의 재정이 악화되었다는 이유로 현장운영경비를 충분하게 배부주지 못했으니 현장을 책임지고 운영해야 하는 진술인 입장에	신문의 RPM 개발, 실행 자백의 이유개발, 제공 자신의 범죄행위와 관련된 내용을 인정하고 바로 잡을 수 있는 품위있는 길을 열어주도록 하는 것이 중요하다.

서는 많이 힘들었을 것입니다.(투사)

[혹은, '회사를 위해 밤낮없이 성실하게 일했
으니 얼마 안되는 공사자재를 처분한 것은 별
일이 아닐 것입니다. 왜냐하면 나중에 공사비
정산해보면 결국 회사는 이익이 더 많을 것이
기 때문입니다'(합리화)]

[혹은, '솔직하게 말해서 진술인이 공사를 더
이상 진행못할 정도로 자재를 처분한게 아니
지 않습니까. 그때그때 남는 자재들 중에 조
금을 처분했을 뿐이잖아요'(최소화)]

하지만,
제가 걱정하는 것은 진술인이 지금까지와 같
이 이번일에 대해 사실대로 말하지 않는다면,
현장에서 이런일이 생길 수밖에 없다는 것을
회사에 전달할 수조차 없다는 것입니다. 회사
는 그냥 진술인을 나쁜 사람으로만 볼 것이고
개선되지 않을 것이기 때문입니다.

진술인의 성품으로 봐서 그동안 마음을 짓누
르고 있었던 불안한 걱정을 이번 기회에 모두
정리할 수 있는 계기가 될 것입니다.

저도 이번 일에 대해 제가 보고 느낀 것을 모

두 잘 기재하도록 하겠습니다. 그럼 재고장부와 현장실물의 차이에 대해서 사실대로 이야기 해주시겠어요	
자백 내용에 대한 세부적인 검증의 실행	
일시, 장소와 수단, 방법, 횟수, 공모자, 동기와 수익금 수령, 처분 등 범죄사실과 관련된 주관적 진술 확보	주관적 진술에 대한 객관적 사실확인을 통해 진실성 여부를 모두 검증한다.

　제시된 예시는 현장의 역동성으로 인해 면담과 신문의 전체를 세부적으로 수록하는 것이 불가능하다. 그러나 구조화된 수사면담과 용의자 신문의 '계단 모델(Stairway Model) 기반' 위에서 체계적인 신문의 구성요소들을 제시하였다.

　면담과 신문의 진행은 사건발생 후(혹은, 사건을 배당받은 후) 기초조사를 통해 물리적 증거와 관련자들의 초기진술을 확보하고 이를 바탕으로 계획서를 작성한다. 이를 검토한 뒤 면담의 순서를 선정하고 라포형성을 통해 대상자를 상대로 비자극적이고 비도전적인 주제의 대화에서 관찰되는 의사소통 채널의 기저선을 확보하게 된다. 이후 도입질문을 통해 면담의 부드러운 출발을 시작으로 탐색질문을 통해 모순을 발견하고 누적시킨다. 이러한 모순은 전략질문을 통해 증거가 제시될 경우 예상가능한 언어적 대안(변명)을 소진시키는 것으로 극대화하게 된다. 바로 이지점에서 대상자의 유죄를 논리적으로 확신하는 경우 '신문 단계'로 이동해 관점을 그의 행위에서 '동기'로 이동시킴으로써 합리화, 투사, 최소화 전략을 활용하게 된다. 아울러 자백해야 할 좋은 이유들을 개발함으로써 설득에 힘을 싣는다. 이런 과정을 거쳐 확보된 자백은 행위와 수단, 동기, 방법 등 주관적인 대상자의 경험으로서 수사활동을 통해 객관적 사실로 검증하는 엄격한 절차를 거쳐 실체적 진실을 발견하게 된다.

찾아보기

(ㄱ)

가치중립적 접근　48

거짓탐지　112

검증된 사실　13

검증의 실행　63

계단 모델　29, 39

공통된 오류　109

기억 인출　129

기저선　74

(ㄷ)

대상자　3, 11

도입질문　94

독립된 보강증거　65

동조화　75, 77

듣기의 기술　80

(ㄹ)

라포 형성　72

(ㅁ)

맥락 회복　128

면담 계획서　44

면담순서 정하기　48

면담의 실행　44

모순의 누적　50

물적증거　12

(ㅂ)

비언어적 행동　117

(ㅅ)

사실의 조사　41

설득·추궁형 신문기법　32

수사(搜査)　8

수사면담　9

수사활동　8

신뢰성 평가　42

신문(訊問)　10

신문화제　56

(ㅇ)

언어적 대안　53

언어적 행동　116

용의자　11

유사성　73

인적증거　13

인지면담　126

HIG의 '증거기반 신문모델'　33

NLP　75

(ㅈ)

자백　11

자백률　24

전략질문　104

정보수집형 수사면담 모델　32

준언어적 행동　117

증거(證據)　12

진술분석　119

진술증거　13

(ㅊ)

최면 수사　127

추론된 사실　13

(ㅌ)

탐색질문　96

투사　61

(ㅍ)

피노키오 신드롬　29

피의자　11

(ㅎ)

합리화　60

행동분석　115

저자약력

박재일

경찰학 석사(경남대학교)
美, John E. Reid Associates(용의자 신문기법 기본 및 고급과정 이수)
美, Hostage Negotiation(PATC, Phase Ⅰ, Ⅱ) 이수
FBI 대테러 전문가 교육(중요범죄 혐의자 추적 및 신문기법 등) 이수
경찰청 전문수사관 인증(수사면담 분야, 추적수사 분야)
수사면담 및 피의자신문 훈련프로그램 개발
국제 공인 NLP 트레이너(AU NLP)
액션러닝 전문코치 인증(한국액션러닝협회)

현, 경찰수사연수원 교수요원
    root4588@gmail.com

민간조사사원(탐정), 민간·공공분야 감사팀, 특사경,
보험범죄특수수사팀(SIU) 등을 위한
수사면담과 용의자신문 기법 현장가이드

초판 발행	2020년 7월 10일
지은이	박재일
펴낸이	안종만·안상준
편 집	우석진
기획/마케팅	이영조
표지디자인	조아라
제 작	우인도·고철민
펴낸곳	(주) **박영사**
	서울특별시 종로구 새문안로3길 36, 1601
	등록 1959. 3. 11. 제300-1959-1호(倫)
전 화	02)733-6771
f a x	02)736-4818
e-mail	pys@pybook.co.kr
homepage	www.pybook.co.kr
ISBN	979-11-303-1047-3 93350

copyright©박재일, 2020, Printed in Korea

정 가   10,000원